생각의 틀을 넓히며

생각의 틀을 넓히며

박기홍 지음

이음과펼침

프롤로그

책은 나에게 세상을 보는 창을 열어주었다. 어떤 책은 새로운 지식을 알려 주었고, 어떤 책은 익숙한 것들을 낯선 시선으로 바라보게 만들었다.

책을 읽는다는 것은 단순히 이야기를 접하는 것이 아니었다. 저자와 대화를 나누고, 다양한 시각으로 세상을 경험하며, 무엇보다 그 과정에서 내 생각이 어떻게 변화하고 성장하는지를 목격하는 일이었다.

독후감을 쓴다는 것은 읽었던 문장들을 되짚고, 머물렀던 생각들을 펼쳐 보는 것, 그것은 단순한 기록이 아니라, 책과 나 사이에 일어났던 일들을 마주하는 시간이었다. 책이 전달하는 정보들 그리고 질문들을 기록했다.

나만의 생각의 틀 안에서 살아왔다. 그 틀은 내 경험, 교육, 환경에 의해 형성되었으며, 때로는 나를 보호하는 안전한 울타리가 되기도 했지만, 때로는 내 시야를 제한하는 좁은 창이 되기도 했다. 독서는 그 틀에 균열을 만들었고, 내 생각이 머물 수 있는 공간을 넓혀주었다.

책을 읽는다는 것은 수동적인 행위가 아니었다. 그것은 저자와의 능동적인 대화였으며, 때로는 논쟁이었고, 때로는 공감이었으며, 때로는 자기 발견이었다.

여러 책을 읽으며 저자의 목소리에 귀 기울였고, 그들의 주장을 내 경험에 비추어 본 시간이다.

목차

미래를 기준으로 현재를 선택하기

벤저민 하디의 『퓨처 셀프』는 자기계발서지만, 흔히 기대하는 감정적 자극이나 의욕 고취와는 결이 다르다. 대신 현재의 삶을 바라보는 기준에 대한 새로운 시선을 강조한다.

어떤 기준으로 현재를 살아가고 있는지를 묻고, 그 기준이 대부분 과거에 묶여 있다는 사실을 반복해서 지적한다.

작가는 사람들의 현재 행동이 미래의 가능성보다는 과거의 경험에 의해 결정된다고 말한다. “당신의 현재 선택은 대부분 과거의 실패, 상처, 경험에 의해 자동적으로 이루어진다”고 말하며, 스스로를 얼마나 쉽게 과거의 연장선으로 규정하는지를 설명한다.

새로운 업무나 역할 제안이 들어왔을 때, 혹은 공부나 변화의 필요성을 느낄 때마다 나는 종종 “이 나이에?”, “지금까지 해오던 방식이 있는데”, “이미 늦은 선택 아닌가”라는 생각을 먼저 해왔다.

이런 판단은 언제나 현실적이고 합리적인 결정처럼 보였지만, 사실은 과거의 나를 기준으로 현재를 제한하는 사고방식이었음을 이 책을 통해 알게 되었다.

『퓨처 셀프』는 현재를 바꾸기 위해 가장 먼저 해야 할 일로 ‘미래의 나’를 명확히 정의하라고 말한다. 미래의 나가 기준이 되지 못하면 현재의 행동은 절대 바뀌지 않는다고 강조한다.

"미래의 나는 소망이 아니라 기준이다"라고 말하며, 기준 없는 미래는 아무런 힘도 갖지 못한다고 지적한다.

'조금 더 여유 있는 삶', '건강을 챙기는 중년', '일에 휘둘리지 않는 사람' 같은 표현들은 듣기에는 그럴듯하지만, 실제 선택의 순간에는 아무런 판단 기준도 제공하지 않는다. 그런 미래는 현재의 나에게 아무것도 요구하지 않는다.

미래의 나를 직업, 일의 방식, 하루의 리듬, 인간관계, 경제적 구조까지 포함해 최대한 구체적으로 정의하는 것이 중요하다.

특히 인상 깊었던 부분은 의지에 대한 관점이다. 많은 자기계발서들이 의지와 결단을 강조하는 반면, 작가는 의지를 신뢰하지 않는다.

그는 "사람은 의지로 변하지 않는다. 환경이 바뀔 때 행동이 바뀐다"고 단언한다.

이 대목을 읽으며 그동안 계획이 번번이 무너졌던 이

유를 조금 더 객관적으로 이해하게 되었다. 문제는 계획의 진정성이나 의지의 부족이 아니라, 그 계획을 지속 불가능하게 만드는 환경에 있었다.

미래의 나를 위해 가장 먼저 해야 할 일은 스스로를 다잡는 것이 아니라, 시간을 쓰는 구조와 관계, 물리적·디지털 환경을 재설계하는 것이라고 말한다.

핵심은 목표보다 정체성이 더 중요하다는 주장이다. 하디는 "사람은 목표를 달성해서 변하는 것이 아니라, 변한 사람이 목표를 달성한다"고 말한다.

젊을 때는 목표가 사람을 끌고 가지만, 어느 정도 시간이 지나면 이미 형성된 정체성이 목표의 범위를 제한한다.

미래의 나를 상상할 때 "무엇을 이룰 것인가"보다 "어떤 사람으로 행동하고 있는가"를 먼저 떠올리라고 한다.

미래의 나는 어떤 일에 시간을 쓰고 있을지, 어떤 요청을 거절할 수 있는 사람일지, 어떤 방식으로 자신의 에너지와 시간을 관리하고 있을지를 생각해보았다.

이러한 생각들은 즉각적인 성과를 약속하지 않지만, 현재의 행동을 보다 장기적인 시각에서 조정하도록 도와주었다.

"미래의 나를 선택하는 순간, 현재의 나는 반드시 불편해진다"는 문장은 변화에 대한 현실적인 태도를 보여준다.

이 불편함을 실패나 잘못된 선택의 신호로 해석하지 말고, 미래의 나에게 보내는 비용으로 인식하라는 그의 설명은 과도한 낙관이나 감정적 위로 없이도 쉽게 받아들일 수 있었다.

『퓨처 셀프』를 읽고 현재의 선택을 바라보는 기준에 변화가 생겼다. 40대 직장인에게 이 책이 의미 있는 이유는 아직 늦지 않았다는 위로 때문이 아니라, 아직 선택의 여지가 남아 있다는 사실을 논리적으로 보여주기 때문이다.

미래를 생각한다는 것은 거창한 꿈을 꾸는 일이 아니라, 오늘의 일정과 선택, 그리고 익숙하게 유지해온 환경을 조금 더 엄격한 기준으로 바라보는 일이다.

『퓨처 셀프』 - 벤저민 하디

성장의 구조를 마주하기

대니얼 코일의 『탤런트 코드』는 재능에 대한 오래된 통념을 정면으로 부정하는 책이다. 우리는 흔히 어떤 사람의 뛰어난 성과를 보며 "저 사람은 타고났다"라고 말한다.

이미 형성된 능력의 차이를 보며, 그것을 노력보다는 재능의 차이로 설명하는 쪽이 훨씬 편하기 때문이다.

『탤런트 코드』는 바로 그 편안한 생각을 불편하게 만들었다.

세계적인 운동선수, 음악가, 체스 플레이어, 수학자들이 유독 특정 지역이나 환경에서 집단적으로 등장하는 이유는 무엇인가라는 질문으로 이 책이 시작된다. 그 답을 유전자나 운이 아니라, 훈련 방식과 환경에서 찾는다.

그는 여러 사례를 통해 “재능은 타고나는 것이 아니라 만들어지는 것”이라는 메시지를 반복해서 강조한다.

재능은 선천적인 능력이 아니라, 특정한 방식의 연습이 뇌를 변화시키며 축적된 결과라는 것이다.

이 과정을 설명하기 위해 ‘미엘린(myelin)’이라는 개념을 중심에 둔다. “기술을 반복해서 연습할수록, 신경회로를 감싸는 미엘린이 두꺼워지고, 그만큼 신호 전달은 빠르고 정확해진다”고 말한다.

잘하는 사람의 뇌는 처음부터 다른 구조를 가진 것이 아니라, 반복된 연습의 결과로 다르게 ‘코팅’된 상태라는 설명이다. 이 설명은 재능을 신비한 영역에서 물리적이고 설명 가능한 영역으로 끌어낸다.

『탤런트 코드』에서 가장 강조되는 개념 중 하나는 '딥 프랙티스(Deep Practice)', 즉 깊은 연습이다. 단순한 반복과 깊은 연습을 명확히 구분한다.

깊은 연습을 "실패가 포함된 연습, 느리게 하고, 틀리고, 다시 고치는 과정"으로 설명한다. 책에서는 "가장 효과적인 연습은 항상 불편하고, 느리고, 오류로 가득하다"는 취지의 문장이 반복된다.

업무에서도 마찬가지다. 이미 익숙한 방식, 안전한 수준의 일 처리, 큰 실패 가능성이 없는 선택을 반복해왔다. 그런 방식은 실수를 줄여주지만, 실력을 키워주지는 않는다. 코일이 말하는 깊은 연습은 오히려 실패 가능성이 높은 지점으로 일부러 들어가는 것이다.

이해하지 못한 부분을 그대로 두지 않고, 실수를 드러내며, 속도를 늦춰 구조를 다시 확인하는 과정이다. 내가 성장하지 않는 것처럼 느꼈던 것은 단순히 시간이 부족해서가 아니라, 의도적으로 성장 구간을 피하고 있었기 때문이었다.

재능이 폭발적으로 성장하는 환경에는 항상 '점화(Ignition)'가 존재한다고 말한다. 점화란 어떤 계기로 인해 "나도 저렇게 되고 싶다"는 강력한 내적 동기가 생기는 순간을 의미한다.

"점화는 재능의 불꽃을 붙이는 성냥과 같다"고 표현한다. 이 점화는 거창한 계기가 아닐 수도 있다. 가까운 사람의 성취, 우연히 본 영상, 존경할 만한 롤모델의 존재가 계기가 되기도 한다.

나는 최근 몇 년간 나에게 점화라고 부를 만한 순간이 있었는지 떠올려 보았다. 일은 의무가 되었고, 배움은 필요에 의해 최소한으로만 유지되었다. 점화가 사라진 상태에서 연습은 의무적인 반복으로 전락하기 쉽다고 한다.

점화는 재능을 만들어내는 필수 요소라기보다, 연습을 지속하게 만드는 연료에 가깝다. 나는 다시 어떤 분

야에서든 '되고 싶은 모습'을 명확히 설정하지 않으면, 깊은 연습 자체가 시작되지 않는다는 사실을 인식하게 되었다.

또 하나 인상 깊었던 요소는 '마스터 코칭(Master Coaching)'이다. 뛰어난 재능 뒤에는 거의 예외 없이 좋은 코치가 존재한다고 말한다.

여기서 말하는 코치는 무엇을 틀렸는지 정확히 짚어 주고, 언제 속도를 늦추고 언제 밀어붙여야 하는지를 알고 있는 사람이다. 훌륭한 코치는 정답보다 오류에 집중한다.

지적받지 않는 상태를 안정이라고 착각하고, 스스로를 객관적으로 점검할 기회는 사라진다. 『탤런트 코드』는 성장의 핵심 조건 중 하나로, 스스로 피드백을 받을 수 있는 구조를 만들거나, 의도적으로 코치 역할을 해줄 존재를 찾아야 한다는 점을 분명히 한다.

이 책을 읽고, 분명한 변화가 하나 있었다. 잘하지 못하는 이유를 설명할 때, 재능이라는 단어를 쉽게 꺼내지 않는 대신 연습의 방식, 환경, 피드백의 부재를 먼저 떠올리게 되었다.

『탤런트 코드』는 재능을 믿지 말라고 말하지 않는다. 대신 재능을 신비화하지 말라고 말한다. 그리고 노력하라는 막연한 조언 대신, 어떻게 연습해야 하는지를 구체적으로 보여준다.

재능이 아니라 구조와 과정에 집중하게 만든다는 점에서, 이 책은 나에게 꽤 솔직한 거울이 되어주었다.

『탤런트 코드』- 대니얼 코일

배움의 태도

스콧 영의 『울트라 러닝』을 읽기 전까지 나는 “배운다”는 행위를 이미 끝난 일처럼 여겨왔다. 학교를 졸업하고, 신입사원 시절을 지나 수년간 직장생활을 해오면서 학습은 더 이상 삶의 중심에 있지 않았다.

새로운 시스템이 도입되면 매뉴얼을 훑어보고, 필요할 때마다 인터넷 검색으로 그때그때 해결하는 정도가 내가 생각하는 ‘현실적인 학습’이었다. 굳이 시간을 따로 내어 공부한다는 생각은 효율적이지 않다고 여겼고, 나이가 들수록 학습 속도는 자연스럽게 느려지는 것이라 받아들이고 있었다.

이 책을 읽으며 가장 먼저 들었던 감정은 자극이나 흥분이 아니라, 오히려 약간의 불편함이었다. 저자가 말하는 학습 방식은 지나치게 적극적이고, 의도적이며, 때로는 부담스럽게 느껴졌다.

그러나 그 불편함은 곧 나 자신을 돌아보게 하는 계기가 되었다. 나는 그동안 '바쁘다'는 이유로, 혹은 '이 정도면 충분하다'는 자기합리화로 학습을 미뤄왔던 것은 아닐까.

『울트라 러닝』은 나에게 더 열심히 살라고 다그치기보다는, 지금까지 너무 쉽게 학습을 대하고 있지 않았는지 묻는 책이었다.

책에는 총 9가지 학습 원칙이 등장하지만, 그중에서도 직장생활을 하고 있는 나에게 특히 강하게 다가온 원칙은 세 가지였다.

‘직접성(Directness)’, ‘회상(Retrieval)’, 그리고 ‘피드백(Feedback)’이다.

첫 번째 원칙은 직접성(Directness)이다. 저자는 실제로 사용해야 할 환경과 최대한 비슷한 조건에서 학습하라고 말한다.

예를 들어 새로운 보고서 작성 방식을 배울 때, 나는 설명을 듣는 데서 그쳤다. 실제로 보고서를 직접 써보며 고민하기보다는, 이해했다고 생각하는 순간 학습을 끝내버렸다. 직접성의 관점에서 보면, 나는 보고서를 배우면서도 정작 보고서를 쓰는 연습은 하지 않았던 셈이다.

두 번째 원칙은 회상(Retrieval)이다. 작가는 단순히 읽고 이해했다고 느끼는 것보다, 스스로 기억해내고 설명해보는 과정이 훨씬 강력한 학습이라고 강조한다. 이 대목에서 나는 스스로를 떠올리며 씁쓸한 웃음을 지었다.

오랫동안 ‘알고 있다’와 ‘설명할 수 있다’의 차이를 제대로 인식하지 못했다. 회의 자리에서 누군가 질문을 하면, 머릿속에 분명히 본 적 있는 내용인데 말로 정리되지 않아 애매하게 넘긴 경험이 한두 번이 아니었다.

책을 읽으며 생각해보니, 직장이라는 공간은 이미 끊임없는 회상의 장이었다. 보고, 발표, 회의, 동료에게 설명하는 순간마다 우리는 배운 것을 끌어내어 사용한다.

세 번째 원칙은 피드백(Feedback)이다. 가능한 한 빠르고 정확한 피드백을 받아야 학습이 왜곡되지 않는다고 말한다.

직장생활을 오래 하다 보니, 피드백이라는 단어가 마냥 반갑지만은 않다. 평가, 지적, 비교 같은 부정적인 기억이 먼저 떠오르기 때문이다.

그래서인지 나는 어느 순간부터 스스로를 보호한다는 명분 아래, 피드백을 최소한으로 받는 방향을 선택해왔다.

이 세 가지 원칙을 곱씹다 보니, 『울트라 러닝』은

단순히 더 많은 것을 배우라는 책이 아니라, 지금까지의 학습 태도를 점검하라는 책이라는 생각이 들었다. 그동안 나이가 들수록 학습이 어려워진다고 말해왔지만, 어쩌면 문제는 나이가 아니라 방식이었을지도 모른다.

앞으로는 예전처럼 막연하게 "나중에 필요하면 알면 되지"라고 넘기지는 않을 것 같다. 이 책은 나에게 새로운 열정을 불러일으키기보다는, 배움에 대한 태도를 조금 더 성실하게 가져가도 되겠다는 확신을 남겼다.

『울트라러닝, 세계 0.1%가 지식을 얻는 방법』 - 스콧 영

자기 관리의 중요성

『일류의 조건』을 읽으면서 가장 먼저 들었던 생각은, 이 책이 말하는 '일류'라는 단어가 우리가 흔히 떠올리는 화려한 성공이나 특별한 재능과는 거리가 멀다는 점이었다.

책에서 저자는 일류의 가장 중요한 조건으로 배움에 대한 태도를 반복해서 강조한다.

“일류는 타고난 재능으로 완성되는 것이 아니라, 배움을 대하는 태도로 만들어진다.”

사이토 다카시는 ‘훔치는 힘’을 중요한 자기 성장의 요소로 말한다. 그는 일류가 되기 위해서는 스승이나 선배, 혹은 이미 성과를 내고 있는 사람의 방식을 주의 깊게 관찰하고, 그 본질을 훔쳐야 한다고 말한다.

여기서 훔친다는 표현은 단순한 모방이 아니라, 사고방식과 기준을 자기 것으로 만드는 과정을 의미한다.

“성장은 특별한 행동에서 일어나는 것이 아니라, 평범한 행동을 어떻게 반복하느냐에 달려 있다.”

‘요약하는 힘’ 역시 자기 성장과 깊이 연결되어 있다. 일류는 많은 정보를 아는 사람이 아니라, 핵심을 붙잡을 수 있는 사람이라는 것이다.

요약이란 단순히 줄이는 작업이 아니라, 생각을 정리하고 판단 기준을 만드는 과정이라는 저자의 설명은 나에게 꽤 설득력 있게 다가왔다.

"아는 것과 하는 것의 차이를 줄이는 사람이 결국 성장한다."

자기 성장은 지식의 축적이 아니라, 실행의 누적이라고 한다.

책을 읽고 '일류가 되어야겠다'는 다짐보다는, 적어도 스스로를 방치하지는 말아야겠다는 생각이 들었다. 이 책이 말하는 일류는 남과 비교해 앞서가는 사람이 아니라, 어제의 자신과 비교해 조금이라도 나아진 사람에 가깝다.

그런 의미에서 『일류의 조건』은 경쟁을 부추기는 책이 아니라, 자기 자신에게 책임을 묻는 책이라고 느껴졌다.

『일류의 조건』 - 사이토 다카시

일상 속 반복

팀 페리스의 『타이탄의 도구들』은 처음부터 끝까지 한 번에 읽기 쉬운 책은 아니었다. 분량도 상당하고, 무엇보다 한 사람의 이야기가 아니라 수십 명의 인터뷰가 이어지다 보니 흐름이 끊긴다는 느낌도 들었다.

이 책은 '읽는다'기보다는 '필요한 부분을 꺼내본다'는 표현이 더 어울린다.

책을 관통하는 메시지는 자기 관리에 대한 집요함이다.

"성공은 극적인 결단이 아니라, 사소한 선택을 얼마나 오래 반복하느냐에 달려 있다."

"문제는 대부분 잘못된 질문에서 시작된다. '왜 안 될까' 대신 '어떻게 하면 가능할까'를 묻는 순간 선택지가 달라진다."

새로운 업무나 다소 부담스러운 제안이 나왔을 때, 예전처럼 바로 한계를 생각하기보다 "만약 어떤 일을 한다면, 어떤 조건이 필요할까"라는 질문을 먼저 던졌다. 모든 것이 해결되는 것은 아니었지만, 생각의 방향이 부정에서 가능성으로 이동했다.

최소한 내가 통제할 수 있는 범위 안에서는 변화를 시도해보았다. 그 결과 업무 피로도가 조금 줄었고, 같은 일을 하더라도 덜 지치는 느낌을 받았다.

"모든 도구를 가질 필요는 없다. 단 하나라도 당신의 삶에 맞게 쓰이면 충분하다."고 강조하고 있다.

이 문장은 나에게 큰 부담을 덜어주었다.

이 책을 통해 내가 얻은 것은 '타이탄처럼 살아야 한다'는 압박이 아니라, 내 삶을 조금 더 의식적으로 설계해도 괜찮다는 허락이었다. 작은 루틴, 질문의 변화, 에너지에 대한 인식. 이런 사소한 시도들이 모여 나의 일상에 미묘한 변화를 만들고 있다.

『타이탄의 도구들』은 단기간에 인생을 바꿔주는 책은 아니다. 하지만 오랫동안 곁에 두고 필요할 때마다 다시 펼쳐볼 수 있는 책이다.

특히 40대의 나에게 이 책은, 더 빨리 가라고 등을 떠미는 책이 아니라, 지금 걷고 있는 길을 조금 더 단단하게 다지게 해주는 책으로 남았다.

『타이탄의 도구들』 - 팀 페리스

의사결정의 구조화

레이 달리오의 『원칙』을 처음 펼쳤을 때, 잠시 책의 두께와 글자 수에 압도되었다.

하지만 페이지를 넘기면서 느낀 점은, 이 책이 단순히 투자 철학이나 금융 전략을 담은 책이 아니라, 개인과 조직 모두에서 의사결정과 성장에 적용할 수 있는 삶의 가이드라인이라는 것이었다.

감정이나 동기에 의존하기보다, 명확한 원칙과 체계적인 실천 방법을 통해 삶과 일을 설계하라는 점이 특히 현실적이라고 느껴졌다.

책의 핵심은 크게 두 축으로 나뉜다. 첫 번째는 개인적 원칙(Personal Principles)이고, 두 번째는 생활 및 업무 원칙(Life and Work Principles)이다.

이 두 가지 축이 서로 연결될 때, 개인과 조직 모두에서 지속적 성장이 가능하다고 말한다. 개인적 원칙을 통해 자신을 이해하고 개선할 수 있어야 하고, 조직 내에서 원칙을 공유하며 의사결정을 구조화할 수 있어야 한다는 것이다.

"현실을 있는 그대로 받아들이고, 그 현실 속에서 무엇을 통제할 수 있는지 명확히 파악하라."

개인적 원칙은 자기 이해와 약점 파악이다. "자신의 약점을 명확히 알고, 이를 보완하거나 극복할 방법을 찾는 사람만이 성장할 수 있다."라고 강조한다.

직장에서는 흔히 자신의 약점을 숨기거나, 잘못된 평가를 두려워해 피하려는 경향이 있다.

그러나 이 원칙을 적용한다면, 동료와 상호 피드백을 주고받거나, 부족한 부분을 개선할 구체적 계획을 세우는 것이 가능하다.

"문제를 피하지 말고, 근본 원인을 찾아 해결하라. 감정을 배제하고 사실과 논리를 기반으로 토론하라."라고 말한다. 직장에서는 감정적 충돌이나 이해관계 때문에 문제가 표면에 드러나지 않고 반복되는 경우가 많다.

그러나 이 원칙을 적용하면, 팀 내 회의에서 문제를 감정과 평가로부터 분리하고, 객관적 데이터를 기반으로 근본 원인을 분석할 수 있다.

개인과 조직을 연결하는 원칙 중 하나는 아이디어 능력주의(meritocracy)다. "누구의 지위가 아니라 아이디어의 질로 결정하라"라고 말했다.

직장생활에서도 이 원칙은 충분히 응용 가능하다. 팀 내 의사결정 과정에서 직급보다는 논리와 근거를 중심으로 의견을 평가하고, 설득 과정보다는 데이터와 실험으로 검증하는 문화를 만들 수 있다.

"실패는 피할 수 없지만, 이를 통해 배우지 않으면 아무 의미가 없다." 직장에서는 작은 실수부터 중요한 프로젝트의 실패까지, 누구나 겪기 마련이다. 대부분의 직장은 실패를 숨기거나 부정적 평가와 연결시킨다.

실패를 기록하고 분석하며, 재발 방지와 개선책을 마련하는 과정으로 전환할 수 있다. 프로젝트 일정이 지연되었을 때, 단순히 책임자를 찾는 것이 아니라, 어떤 의사결정 과정에서 판단이 미흡했는지, 어떤 정보가 부족했는지, 다음에는 어떤 루틴을 적용할 수 있는지를 문서화하고 공유하는 식이다.

"가장 중요한 것은 경험에서 배우고, 그 경험을 시스템화하여 재현 가능한 방식으로 만드는 것이다."라고 말한다.

업무 과정에서 얻은 경험과 교훈을 단순히 머릿속에만 남기지 않고, 체크리스트나 매뉴얼, 프로세스로 만들어 반복 적용할 수 있다면, 개인뿐만 아니라 팀 전체의 성과도 개선될 수 있다.

신규 프로젝트를 진행할 때, 이전 프로젝트에서 발생했던 문제점과 개선점을 기록하고, 다음 프로젝트 계획에 반영하는 방식이다.

이 책에서 나는 '성공'이나 '일류'라는 단어보다, 자기 성장을 위한 구조와 습관을 설계하는 법을 배웠다.

완벽하게 원칙을 적용하기보다는, 중요한 원칙 몇 가지를 선택해 실천 가능한 행동으로 바꾸고, 반복 학습과 피드백을 통해 점진적으로 개선하는 것이 바로 '원칙'의 힘이라는 것을 알게 되었다.

『원칙』 - 레이 달리오

장기적 누적의 힘

『불변의 법칙』을 읽으며 처음 든 생각은, 이 책이 단순히 재테크나 투자 전략에 대한 이야기가 아니라는 점이었다. 처음에는 "돈과 투자에 대한 심리학"이라는 제목에 이끌려 책을 펼쳤지만, 페이지를 넘길수록 내가 마주한 것은 삶을 설계하는 태도와 선택의 법칙이었다.

책에서 반복해서 강조되는 메시지 중 하나는 심리적 겸손과 장기적 관점이다.

"부는 얼마나 버느냐보다 얼마나 오래 버티느냐가 중요하다."

나는 속으로 '맞는 말이지만, 현실에서는 쉽지 않지' 라고 생각했다. 그러나 곱씹을수록, 이는 단순한 돈의 문제가 아니라 삶의 선택과 전략을 말하는 것이었다.

또한 인간의 불완전성과 통제 불가능성을 인정하라고 강조한다.

"예측할 수 없는 세상에서 가장 확실한 것은, 모든 일이 계획대로 되지 않을 것이라는 사실이다."

"다른 사람과 비교하지 말고, 자신의 상황과 목표에 맞는 선택을 하라."

"운은 통제할 수 없지만, 준비와 꾸준함은 통제할 수 있다."

성공의 결과가 전부 자신에게 달려 있지 않더라도, 준비와 반복적 행동이라는 통제 가능한 요소에 집중하면 삶과 경력에서 더 큰 안정감을 얻을 수 있다는 뜻이다.

『불변의 법칙』은 재테크 책이라는 표지를 넘어, 삶의 방향과 선택의 기준을 점검하게 만드는 성찰서였다. '장기적 누적의 힘'을 다시 의식하게 되었고, 작은 선택 하나하나를 좀 더 신중하고 체계적으로 관리해야겠다는 결심을 하게 되었다.

『불변의 법칙』 - 모건 하우절

생각의 연결 구조

『넥서스』는 인간 사회를 움직여온 가장 근본적인 힘이 무엇이었는지를 집요하게 추적한다. 그 힘을 '정보'라고 부른다.

더 정확히 말하면, 정보 그 자체가 아니라 정보가 연결되는 방식, 즉 정보 네트워크가 인류의 역사와 개인의 삶을 규정해왔다는 것이다.

정보 네트워크가 개인에게 안정감을 주는 동시에, 사고의 범위를 제한할 수 있다고 지적한다. 이 부분을 읽으며, 내가 얼마나 많은 선택을 '당연함'이라는 이름의 정보에 맡겨왔는지 돌아보게 되었다.

정보 네트워크가 커질수록 개인의 자율성은 오히려 줄어들 수 있다는 주장이다. 하라리는 중앙집중적 정보 시스템이 효율성을 높이는 동시에, 개인의 판단 능력을 약화시켜왔다는 역사적 사례를 제시한다.

"정보가 많아질수록, 생각은 자동화된다"고 설명한다. 나는 현재의 업무 환경을 떠올려 보았다. 우리는 매일 수많은 데이터, 보고서, 메신저, 알림 속에서 일한다. 정보는 넘치지만, 스스로 생각하고 판단하는 시간은 점점 줄어든다.

경험이 쌓일수록 판단은 빨라지지만, 동시에 그 판단은 점점 자동화된다. 하라리가 말하는 정보 네트워크는 사회적 차원에만 국한되지 않는다.

개인 역시 자신만의 정보 네트워크 속에서 사고하고 행동한다. 반복적으로 접하는 뉴스, 회사 내부의 관행,

업계의 상식, 주변 사람들의 가치관이 하나의 보이지 않는 네트워크를 형성하고, 그 안에서 생각의 방향이 정해진다.

작가는 정보 네트워크가 발전할수록 사회는 더 똑똑해지는 것이 아니라, 더 복잡해지고 더 통제하기 어려워진다고 말한다.

지식과 경험이 쌓일수록 삶이 단순해지는 것이 아니라, 오히려 선택과 책임은 더 무거워진다. 이 점에서 『넥서스』는 성장에 대해 매우 성숙한 시각을 제시한다. 성장은 편안함이 아니라, 더 많은 책임을 감당하는 능력이라는 관점이다.

『넥서스』는 스스로를 점검할 수 있는 기준을 알려준다. 내가 접하는 정보는 나를 더 자율적인 인간으로 만드는가, 아니면 판단을 대신해주는 구조에 더 깊이 의존하게 만드는가.

중요한 것은 더 빨리 배우는 것이 아니라, 더 천천히

생각하는 연습이 필요하다는 것, 더 많은 정보보다 더 나은 연결을 선택해야 한다는 것이다.

성장한다는 것은 어떤 정보와 어떤 이야기 속에서 살아갈지를 의식적으로 선택하는 일이라는 사실을 알게 되었다.

『넥서스』 - 유발 하라리

AI에게 책임을 넘기지 마라

이 책에서 AI를 단순한 자동화 도구가 아니라, '인간 사고를 확장하는 '제2의 두뇌'로 정의한다. 그는 "AI는 인간을 대체하는 존재가 아니라, 인간의 사고 방식 자체를 바꾸는 존재"라는 설명을 반복한다.

나는 AI를 효율을 높여주는 편리한 도구 정도로만 생각해왔다. 보고서 초안을 빠르게 만들거나, 단순한 자료 정리에 도움을 주는 수준에서만 활용하고 있었다.

인간과 AI의 관계를 “주도권을 가진 협업”으로 설명한다. 그는 AI에게 판단을 넘기는 것이 아니라, 인간이 문제 정의와 방향 설정을 맡고 AI는 사고를 확장하는 역할을 해야 한다고 강조한다.

“좋은 질문을 던지는 능력이 AI 시대의 핵심 역량이 될 것”이라는 그의 주장은 특히 인상 깊었다. 직장에서의 회의 장면을 떠올려 보았다.

우리는 종종 답을 빨리 내놓는 사람을 유능하다고 평가한다. 하지만 앞으로는 어떤 질문을 던지느냐가 그 사람의 역량을 더 정확히 보여주는 지표가 될지도 모른다는 생각이 들었다.

AI 활용에 있어 가장 위험한 태도로 두 가지를 지적한다. 하나는 AI를 무조건 불신하고 배제하는 태도이고, 다른 하나는 AI의 결과를 무비판적으로 받아들이는 태도다.

이 둘 모두 사고를 포기하는 방식이라고 말한다. 그는 “AI를 믿지 않는 것도 문제지만, AI를 그대로 믿는 것은 더 큰 문제”라고 말한다. AI가 만들어준 문서나 분석 결과를 그대로 제출하는 것은 효율적일 수 있지만, 동시에 책임을 포기하는 행위일 수도 있다는 것이다.

저자는 AI 시대에 인간에게 더 중요해지는 역량으로 맥락 이해, 비판적 사고, 그리고 목표 설정 능력을 꼽는다. 그는 "AI는 수단을 잘 다루지만, 목적을 설정하지는 못한다"고 말한다.

나의 업무는 단순히 일을 처리하는 것이 아니라, 무엇이 중요한지를 판단하고 우선순위를 정하는 일에 더 가깝다.

만약 이 역할마저 AI에게 맡기게 된다면, 나는 결국 시스템을 관리하는 존재로만 남게 될지도 모른다는 것이다.

『듀얼 브레인』을 읽으며 가장 크게 느낀 점은, 이제는 학습의 방향이 바뀌어야 한다는 것이다. 새로운 기술을 모두 익히려 하기보다, AI와 함께 일하는 방식을 학습해야 한다고 말한다.

그는 “AI를 쓰지 않는 사람과 AI를 잘 쓰는 사람의 격차는 생각보다 빠르게 벌어질 것”이라고 경고한다.

이 문장은 위협처럼 들리기보다는 현실적인 조언으로 받아들여졌다. 이미 같은 일을 하더라도, AI를 활용하는 사람과 그렇지 않은 사람 사이의 생산성 차이는 점점 분명해지고 있음을 느끼기 때문이다.

직장에서 적용할 수 있는 부분도 이 책에는 비교적 구체적으로 제시되어 있다. 예를 들어 몰릭은 반복적인 기획 업무, 초안 작성, 시나리오 검토 과정에서 AI를 적극적으로 활용하라고 조언한다.

다만 “AI에게 일을 맡기기 전에, 스스로 먼저 생각해본 흔적이 남아 있어야 한다”고 말한다. 이는 태도의 문제다.

AI에게 바로 답을 요구하기보다, 내가 무엇을 고민하고 있는지 먼저 정리한 뒤 그 생각을 확장하는 용도로 활용하라는 것이다.

이 책은 결국 인간의 역할을 다시 정의하는 책이라고

느꼈다. AI가 발전할수록 인간에게 남는 일은 줄어드는 것이 아니라, 오히려 더 명확해진다.

'무엇을 문제로 삼을지', '어떤 방향이 옳은지', '그 선택에 책임질 수 있는지' 등의 질문들은 오히려 인간들의 몫이 될 것이다.

그런 질문들을 던질 수 있는 능력이 앞으로의 직장 생활에서 가장 중요한 경쟁력이 될 것이라고 생각한다.

『듀얼 브레인』 - 이선 몰릭

스스로를 정확하게 아는 힘

『강인함의 힘』은 제목만 보면 흔히 말하는 정신력이나 인내를 강조하는 책처럼 보인다. 제목만 보고는 포기하지 않는 태도, 고통을 이겨내는 방법에 대한 이야기일 것이라 예상했다.

그러나 이 책은 강인함을 미화하지 않고, 오히려 우리가 잘못 이해해온 강인함의 개념을 하나씩 해체해 나간다.

"고통을 무시하고 밀어붙이는 능력"으로 정의하지 않는다. 그는 오히려 그런 태도가 장기적으로는 사람을 소진시키고 무너뜨린다고 말한다.

책에는 "진짜 강인함은 감정을 억누르는 것이 아니라, 감정을 인식하고도 의미 있는 선택을 하는 능력"이라는 취지의 문장이 등장한다.

그는 "버티는 삶은 강인한 삶이 아니라, 방향을 잃은 삶일 수 있다"고 지적한다. 내가 지금까지 유지해온 태도가 과연 성장을 위한 것이었는지, 아니면 변화를 피하기 위한 방어였는지 스스로에게 묻게 되었다.

핵심은 자기 인식(self-awareness)이다. "자신의 한계를 무시하는 것이 아니라, 한계를 정확히 아는 것이 강인함의 출발점"이라고 한다.

한계는 인정하면 안 되는 것이고, 극복해야 할 대상이라고만 생각해왔다. 하지만 이 책은 한계를 인정하는 순간부터 더 나은 선택이 가능해진다고 말한다.

그는 의지는 상황에 따라 쉽게 소진되며, 의지에만 의존하는 방식은 오래 지속될 수 없다고 말한다. 대신 가치와 의미를 기준으로 행동하는 태도가 진짜 강인함의 핵심이라고 강조한다.

“강인한 사람은 무조건 참는 사람이 아니라, 무엇을 위해 감내하는지를 아는 사람”이라는 설명은 인상 깊었다.

“회복을 무시하는 것은 강인함이 아니라 무모함”이다. 나는 휴식이나 멈춤을 쉽게 죄책감과 연결지어왔다.

아무것도 하지 않는 시간은 생산적이지 않다고 생각했고, 스스로를 관리하지 못했다는 느낌을 받곤 했다. 그러나 이 책은 회복이야말로 장기적인 강인함을 가능하게 하는 조건이라고 말한다.

그는 실패를 정보를 제공하는 사건으로 바라본다. “실패는 당신이 틀렸다는 증거가 아니라, 다른 접근이 필요하다는 신호”라는 설명은 실패에 대한 새로운 시선을 알려 주었다.

자신의 감정, 한계, 두려움을 외면하지 않고 바라볼 수 있는 용기야말로 진짜 강인함이라는 메시지는 과장 없이 전달되었다.

나 자신을 더 정확하게 이해하고 싶다는 생각이 커졌다. 감정을 통제하는 사람이 아니라, 감정을 해석할 수 있는 사람이 되도록 노력해야겠다.

『강인함의 힘』 - 스티브 매그니스

인간관계에서의 태도

『직장생활 인간관계론』을 처음 접하고, 직장에서의 인간관계가 내 삶에서 얼마나 중요한지를 다시금 깨닫게 되었다.

나는 어느 정도 직장 내 인간관계에서 안정감을 느끼는 편이라고 생각했지만, 책을 읽는 동안 그 생각이 단순한 착각일 수 있다는 사실을 알게 되었다.

인간관계에서 사람과 사람 사이의 상호작용이 얼마나 복잡하고 미묘한지를 세밀하게 분석하며, 동시에 우리가 의식하지 못하는 행동과 태도가 관계의 질을 결정한다는 점을 보여준다.

작가는 "인간관계는 피할 수 없는 문제가 아니라, 우리가 성장할 수 있는 기회"라고 말한다. 나는 오랫동안 인간관계를 '해결해야 하는 과제'로만 인식했다.

회의나 프로젝트에서 발생하는 갈등, 팀원과의 의견 차이, 상사와의 미묘한 긴장감, 나는 이런 상황을 피하거나 속으로 불편해하며 견뎌왔다.

작가의 관점은 이를 자기 이해와 성장을 위한 거울로 바라보게 만든다. 이제 인간관계를 마주할 때마다, 상대를 이해하고 나 자신을 점검할 기회로 삼아야 한다고 생각하게 되었다.

책의 핵심 내용 중 하나는 사람들을 유형별로 이해하고 접근하는 전략이다. 직장에서 마주치는 사람들을 단순히 '좋은 사람'과 '어려운 사람'으로 나누지 않는다.

각자의 성향과 동기, 감정 패턴을 이해하고, 이에 맞는 커뮤니케이션 방식을 적용할 것을 권한다.

"갈등을 회피하는 순간, 관계의 진정한 성장 기회도 사라진다"는 문장은 이를 잘 보여준다. 나는 직장 내에서 종종 문제를 피하고, 상대가 먼저 움직이길 기다리며 안일하게 행동해왔던 기억이 많다.

하지만 이러한 회피가 장기적으로 관계를 악화시키고, 자신에게도 스트레스로 돌아온다는 점을 책은 분명히 보여준다.

이제 불편한 대화도 두려워하기보다는, 상황을 정확히 인식하고 준비된 방식으로 접근해야겠다는 생각을 하게 되었다.

일상적인 작은 행동들이 인간관계의 질을 결정한다고 말한다. 상대방의 말을 끝까지 듣고, 작은 배려를 표현하며, 피드백을 적절히 주고받는 일상적인 행동이 쌓여 신뢰와 존중을 만든다는 것이다.

인간관계를 단순히 '관리'해야 할 대상이 아니라, 나 자신을 알아가고 성장시키는 거울로 바라봐야겠다고 결심했다.

인간관계는 피할 수 없는 문제이면서 동시에 내가 성장할 수 있는 가장 현실적이고 구체적인 장이다. 직장에서뿐 아니라 삶 전체에서 사람과의 관계를 통해 배우고 성장하려는 태도를 가져보려 한다.

『직장생활 인간관계론』 - 에이미 갤로

마음 다루기

책에서 특히 인상 깊었던 점은 감정을 단순히 느끼는 것이 아니라 분석하고 의미를 부여할 수 있는 도구로 다루는 부분이었다.

저자는 “감정은 단순한 반응이 아니라, 행동과 선택을 안내하는 신호”라고 말한다. 인간관계에서 느끼는 불편함, 답답함, 혹은 불안이 나 자신이 어떤 가치와 기준에 의해 반응하고 있는지를 알려주는 신호일 수 있다는 생각이 들었다.

저자들은 마음을 훈련하는 기술도 단계별로 제시한다. 여러 기술 중 핵심 기술은 자기 관찰이다. "스스로의 생각과 감정을 멈추지 말고 관찰하라"는 조언은 단순하지만, 실천하기 어려운 내용이다.

직장에서 스트레스가 쌓이거나, 가정에서 갈등이 생길 때, 감정을 제대로 들여다보지 않고 즉각적으로 반응하거나 억누르는 습관이 있었다. 이 책에서 관찰은 감정을 분리하고, 생각과 행동을 조율할 수 있는 출발점을 마련해준다.

"마음을 훈련한다는 것은 감정을 억누르는 것이 아니라, 그 감정을 이해하고 적절히 활용하는 것"이라고 말한다.

명상, 호흡, 시각화 등 다양한 방법을 소개하면서, 중요한 것은 기술 자체보다 꾸준한 연습이라고 강조한다. 이 방법들이 직장과 가정 사이에서 바쁘게 돌아가는 삶 속에서도, 잠깐의 자기 성찰과 마음 훈련이 큰 변화를 가져올 수 있다는 점에 탁월한 방법이라 느꼈다.
작은 습관 하나라도 마음의 안정과 내면 성찰에 큰 영향을 준다는 사실은 나에게 특히 의미 있었다.

책의 후반부에서 저자들은 마음을 이해하고 다루는 능력이 곧 자기 성장과 연결된다고 강조한다.
“자신의 마음을 이해하는 사람은 타인과의 관계에서도 더 성숙하게 행동할 수 있다”는 문장은 단순히 심리적 안정만을 뜻하지 않는다.

『마음의 기술』을 읽고 난 후, 나는 삶의 작은 순간에도 마음을 살피는 습관을 갖게 되었다. 이제 마음을 훈련하는 것이 단순히 감정을 조절하는 것이 아니라, 나 자신을 더 잘 이해하고 성장시키는 핵심 과정이라는 점을 명확히 인식하게 되었다.

『마음의 기술』 - 안-엘렌 크레르, 뱅상 트리부

불안을 견디는 기준

이 책은 고대 철학자부터 현대 사상가까지 다양한 인물들을 언급하며, 불확실성 속에서도 흔들리지 않는 삶의 태도를 탐구한다.

소크라테스를 예로 들어 "알지 못함을 인정하고 스스로 질문을 던지는 것이 지혜의 시작"이라고 말한다. 소크라테스가 강조한 '모른다는 인식'은 불확실성을 직면하고 판단을 천천히 다듬는 과정이다.

이제 즉각적 판단에 휘둘리기보다는, 먼저 상황을 충분히 관찰하고 분석하며, 그 속에서 의미를 찾는 태도를 가져야겠다고 생각했다.

또한 현대 사회의 불확실성을 더욱 심화시키는 요인으로 정보 과잉과 가치의 혼란을 지적한다. "사람들은 너무 많은 정보와 선택지 속에서 오히려 결정을 내리지 못하고 불안을 키운다"고 말한다.

매일 쏟아지는 뉴스, 직장과 사회에서의 다양한 의견과 평가, 끝없이 변화하는 업무 지시 속에서 내가 얼마나 쉽게 불안과 초조함에 휘둘렸는지 떠올렸다.

핵심 통찰은, 불확실성을 줄이는 것이 아니라, 불확실성 속에서도 흔들리지 않는 내적 기준과 태도를 갖는 것이라는 점이다.

즉, 외부 환경을 완전히 통제하려고 애쓰기보다는, 내 마음과 생각을 단단하게 다듬는 것이 필요하다는 의미다.

작가는 루소의 사상을 인용하며, "불확실한 상황에서

자신과 타인을 이해하는 능력이 삶의 안정과 성숙을 만든다"고 말한다.

단순히 안정된 결과만을 좇는 것이 아니라, 불확실성 속에서 스스로를 관찰하고 선택을 고민하는 과정 자체가 내면 성장과 연결된다는 깨달음을 얻었다.

미래를 완벽히 예측하려는 태도를 버리고, 변화와 혼란 속에서도 핵심 원칙과 가치에 집중하며, 작은 선택과 행동을 꾸준히 쌓아 나가는 것이 중요하다고 강조한다.

이 책은 불확실성과 혼란이 일상화된 시대에, 어떻게 흔들리지 않고 중심을 잡으며 살아갈 것인지, 그리고 그 과정에서 자신을 성장시킬 것인지를 안내하는 실용적 철학서다.

직장과 사회 속 불확실성을 마주하며 느끼는 불안과 긴장을 이 책을 통해 성찰하고, 스스로 선택하고 행동하는 힘을 기르는 기회로 삼을 수 있었다.

『불안사회 생존철학』 - 장 폴 주아리

빠른 직관을 의심하고 점검하는 법

『생각에 관한 생각』을 읽으면서, 우리가 매일 마주하는 선택들이 얼마나 깊이 사고하지 않고 이루어지는지 깨닫게 되었다. "우리는 생각보다 훨씬 많은 선택을 빠르고 직관적으로 한다"고 말한다.

책에서 시스템 1과 시스템 2의 차이를 설명하며, "시스템 1은 직관적이고 감정적이며 빠르지만, 자주 오류를 만든다. 시스템 2는 느리지만 분석적이며 신중하다"고 말한다.

특히 인지적 편향(cognitive bias)에 관한 내용은 내 선택 방식을 돌아보게 만들었다. 그는 "우리는 선택을 내릴 때 종종 과거 경험, 최근 정보, 감정에 지나치게 의존한다"고 지적한다.

예를 들어, 어떤 결정을 내릴 때 과거의 성공 경험을 과도하게 일반화하거나, 최근에 들은 긍정적인 피드백만 기억하며 판단을 내리는 적이 많다.

나는 이제 선택을 내릴 때 단순히 직관에 의존하는 것이 아니라, 데이터와 논리, 다양한 관점을 충분히 검토하는 습관을 가져야겠다는 생각을 하게 되었다.

작가는 "시스템 2는 에너지를 많이 소모하기 때문에 우리는 자주 그것을 회피하지만, 중요한 선택에서 이 시스템을 활용하는 것이 필요하다"고 강조한다.

직장과 삶에서 중요한 결정을 내릴 때마다 조급함 때문에 충분히 생각하지 못했던 순간들이 떠올랐다. 이제

부터는 중요한 선택 앞에서 잠시 멈추고, 다양한 관점을 검토하며, 내 직관을 점검하는 습관을 가지기 위해 노력해 볼 것이다.

『생각에 관한 생각』을 읽고 난 후, 선택은 단순히 상황에 맞춰 결정하는 것이 아니라, 내 사고 체계와 인지 편향을 이해하고, 시간을 들여 성찰하며, 맥락과 정보, 내 가치와 기준을 충분히 고려하는 과정이라는 것을 깨달을 수 있었다.

이제 중요한 결정을 내릴 때마다, 빠른 직관에만 의존하지 않고, 내 선택 과정을 점검하며, 필요한 경우 느리지만 신중한 시스템 2를 적극 활용하는 습관을 키울 것이다.

선택의 순간은 단순히 결과를 만드는 시간이 아니라, 나 자신의 사고를 점검하고 성장시키는 과정이라는 사실을 카너먼의 책을 통해 깊이 이해할 수 있었다.

『생각에 관한 생각』- 대니얼 카너먼

삶의 균형을 설계하는 지혜

『아주 세속적인 지혜』를 읽고, 삶의 균형이라는 주제에 대해 깊이 생각하게 되었다. 그라시안은 "삶의 기술은 극단을 피하고 중용을 지키는 데 있다"고 말한다.

개인의 능력과 욕망, 사회적 요구와 내적 가치 사이에서 균형을 잡는 것이야말로 성숙한 삶의 핵심이라고 강조한다.

"자신의 한계를 알고 거기에 맞는 삶의 규칙을 세우는 사람이 현명하다"고 지적한다. 자신의 능력과 상황을 정확히 파악하지 못하면 지나친 욕심과 무리한 행동으로 균형을 깨기 쉽다.

그 결과, 몸과 마음이 지치고 의욕이 감소하며 삶의 만족도가 떨어졌다. 이제는 자신의 한계를 인정하고, 우선순위를 조정하며 삶을 설계하는 것이 지속가능한 성장을 위해 얼마나 중요한지 알게 되었다.

"타인과의 관계를 유지하려면 주고받음과 거리 두기를 적절히 조절해야 한다"라는 격언은, 직장과 사회에서의 관계 관리에 중요한 통찰을 준다.

그라시안은 단호함과 유연함, 관심과 거리 사이에서 적절한 균형을 찾는 것이 중요하다고 말한다.

이를 통해, 나는 단순히 타인에게 맞추는 것이 아니라, 내 가치와 기준을 지키면서도 관계를 조화롭게 유지하는 태도를 실천해야 한다는 깨달음을 얻었다.

"자신을 아는 것이 삶의 모든 균형의 시작이다"라는

말은 삶의 균형을 위해 자기 성찰이 필수적임을 강조한다.

자기 자신을 이해하고 나서야 비로소 균형 있는 결정을 내릴 수 있고, 그 결정이 삶 전체의 안정과 만족으로 이어진다. 이를 통해 나는 삶의 균형을 단순히 외적 환경이나 타인의 요구에서 찾는 것이 아니라, 내 안에서부터 시작해야 한다는 중요한 교훈을 얻었다.

『아주 세속적인 지혜』 - 그라시안 이 모랄레스 발타사르

자기 삶의 중심 잡기

『남에게 보여주려고 인생을 낭비하지 마라』는 인간이 얼마나 쉽게 타인의 시선에 얽매이고, 그 결과 자신의 삶을 온전히 살아가지 못하는지를 지적한다.

쇼펜하우어는 "남의 평가에 휘둘리는 사람은 결코 자유로울 수 없다"라고 말하며, 인간의 행동과 선택이 외부의 인정과 칭찬에 의해 얼마나 쉽게 좌우되는지를 냉철하게 보여준다.

책은 단순히 타인의 시선을 경계하라는 경고에 그치지 않는다. "진정한 자유는 자기 자신과 일관된 삶을 살 때 비로소 얻어진다"라고 말한다.

쇼펜하우어가 강조하는 자기 일관성과 내적 기준은, 내가 살아온 삶 속에서 반복적으로 놓치고 있었던 부분임을 인정하게 된다.

특히 인상적인 부분은 쇼펜하우어가 외적 성공과 내적 만족의 균형을 논한 지점이다. 그는 "외적 명예와 칭찬은 순간적 즐거움에 불과하며, 내적 자율과 자기 이해 없이는 아무 의미가 없다"고 말한다.

그의 말은 외적 성취가 삶의 전부가 될 수 없다는 사실을 상기시킨다. 진정한 삶의 의미는 외부에서 오는 인정이 아니라, 스스로 설정한 기준과 가치, 그리고 내면의 성취에서 비롯된다는 것이다.

"고독 속에서 자신을 관찰하고 타인의 영향에서 벗어나야 진정한 자아를 발견할 수 있다"고 말한다. 진정한 자아를 찾기 위해서는 외부와의 관계를 잠시 내려놓고,

내 생각과 감정을 직시할 필요가 있다.

혼자 있는 시간 동안 나 자신에게 솔직해지고, 내 가치와 우선순위를 점검하며, 타인의 평가로부터 자유로워지는 경험을 조금씩 쌓아가야 한다.

이 과정은 단순한 자기 성찰이 아니라, 삶의 중심을 스스로 설정하는 훈련이라는 점이 중요하다.

쇼펜하우어는 "작은 일에서부터 자신의 기준을 지켜라. 그 연습이 곧 큰 선택에서도 흔들리지 않게 한다"고 말한다.

나는 평소 사소한 결정에서도 타인의 눈치를 보는 습관이 있었고, 그 습관이 중요한 결정에서 더 큰 혼란으로 이어지곤 했다.

작은 일에서부터 자신의 판단을 신뢰하고, 타인의 평가보다 자기 기준에 따라 선택을 내리는 경험을 쌓는 것이 삶 전체의 자유와 균형으로 연결된다는 사실을 깊이 받아들였다.

이 책은 자신의 내면을 지키며 진정한 자아를 찾아가는 태도가 얼마나 가치 있는지 분명하게 보여준다.

삶의 균형과 내적 자유를 유지하며, 타인의 시선에서 벗어난 선택을 지속적으로 연습하며 살아가야 한다는 강한 다짐을 하게 되었다.

『남에게 보여주려고 인생을 낭비하지 마라』 - 쇼펜하우어

저항과 도전의 정신

『모든 삶은 흐른다』를 읽고, 삶이 얼마나 끊임없이 변화하며 예측 불가능한 흐름 속에 놓여 있는지 새삼 깨닫게 되었다.

삶을 바다에 비유하며, 인간 존재는 파도와 조류, 바람의 방향에 따라 끊임없이 움직이는 작은 배와 같다고 말한다.

우리는 스스로를 통제한다고 믿지만, 실제로는 수많은 외부 요인과 환경 변화 속에서 방향을 조정하며 살아간다.

"삶의 흐름을 거스를 수 없다는 사실을 이해하는 순간, 우리는 비로소 자유로워진다."

책 속 바다와 자연의 이미지는 삶의 변화에 대한 감각을 구체적으로 느끼게 한다. 잔잔한 해안에서 바라보는 파도의 부드러운 움직임은 일상의 평온함을 상징하지만, 갑자기 몰아치는 폭풍우와 거친 조류는 예측 불가능한 사건과 위기를 상징한다.

드빌레르는 또한 고독과 자기 성찰의 시간을 강조한다. 그는 "파도가 몰아치는 바다 위에서 홀로 서는 순간, 우리는 자신을 가장 정확히 마주한다"라고 말한다.

그러나 삶의 흐름이 예측할 수 없고 때로는 격렬하다는 사실을 받아들이면, 홀로 서서 내 내면을 돌아보는 시간이 필요하다는 것을 알게 된다. 바람과 파도의 움직임을 관찰하며 자신을 점검하는 것과 같이, 불확실한 상황 속에서도 내 감정과 생각을 점검하고, 내 가치와 기준을 재확인하며, 내적 균형을 유지하는 연습을 해야 한다는 결론에 이르렀다.

작가는 자연의 질서와 인간의 삶을 연결하며, 인간이 통제할 수 없는 힘을 존중할 필요성을 강조한다. 그는 "바람의 방향을 원망하지 말고, 돛을 조정하는 법을 배우라"고 말한다. 세상의 모든 일은 내 마음대로 되지 않고, 계획과 노력에도 불구하고 상황은 늘 변한다.

그러나 돛을 조정하듯, 내가 할 수 있는 것은 상황을 정확히 인식하고 적응하며, 선택할 수 있는 부분에 최선을 다하는 것이다. 그렇게 함으로써 삶의 흐름 속에서도 흔들리지 않고 내 방향을 유지할 수 있을 것이다.

『모든 삶은 흐른다』 - 로랑스 드빌레르

상황을 읽는 지혜

『세상을 보는 지혜의 기술』에서 “현명한 사람은 상황을 정확히 파악하고, 감정을 통제하며, 사람을 적절히 다룬다”라고 말한다.

“자신을 아는 사람이 가장 강하다. 자신의 능력과 한계를 정확히 이해해야 올바른 판단을 내릴 수 있다”고 말한다. 그라시안의 격언은 단순한 자기 인식의 중요성을 넘어서, 동료와 상호작용할 때 자신과 상대방을 정확히 이해하는 것이 존중과 협력의 기초임을 보여준다.

내 능력과 한계를 정확히 파악하고, 타인의 능력과 상황도 존중할 때, 팀워크는 단순한 구호가 아니라 실제 성과로 이어질 수 있다는 것이다.

또 다른 핵심 내용은, 성공을 추구할 때 감정과 태도를 전략적으로 관리해야 한다는 점이다. "감정을 통제할 줄 아는 사람만이 권력과 존중을 얻는다"라고 말한다.

그라시안의 지혜는 감정 통제가 단순히 억제하는 것이 아니라, 상황과 사람에 맞는 적절한 표현과 대응을 선택하는 능력임을 깨닫게 한다.

존중과 신뢰를 바탕으로 영향력을 행사할 때, 단기적 성과가 아니라 지속 가능한 성공과 평판을 얻을 수 있다.

지혜와 자기 통제, 타인과의 관계 관리가 직장 생활에서 성공과 존중을 동시에 얻는 핵심 요소임을 반복해서 강조한다. 단순히 능력을 발휘하는 것이 아니라, 동료를 이해하고 존중하며, 상황을 정확히 판단하고 감정을 관리할 때 비로소 직장에서 진정한 성공과 존중을 동시에 얻을 수 있다는 사실이다.

동료와 상사의 공헌을 인정하며 협력하고, 자신의 감정과 태도를 전략적으로 관리하며, 상황을 냉정하게 판단하고 대응하는 것이 단기적 성공을 넘어 지속 가능한 성취와 평판으로 이어진다는 것을 깨달았다.

『세상을 보는 지혜의 기술』 - 그라시안 이 모랄레스 발타사르

행복은 지키는 것

『인생론』은 나에게 행복과 덕의 관계를 깊이 고민할 수 있는 기회를 주었다. 세네카는 스토아 철학의 관점에서 인간이 행복을 외부 조건이나 일시적 쾌락에서 찾으려 하는 한, 진정한 만족을 얻을 수 없다고 단언한다.

그는 "진정한 행복은 덕에서 비롯된다"라고 말하며, 외부 환경의 변덕과 불확실성에 흔들리지 않고 자기 내면을 바탕으로 삶을 다스리는 능력을 강조한다.

덕을 단순한 도덕적 규범이 아니라 자기 자신을 통제하고 올바른 선택을 내리는 능력으로 정의한다. 그는 "덕 있는 사람은 욕망과 공포에 흔들리지 않으며, 어떤 상황에서도 자신의 원칙에 따라 행동한다"라고 말한다.

또한 외부 상황과 결과에 지나치게 집착하는 삶의 한계를 경고한다. "행복은 외부 사물에서 찾는 것이 아니라, 내 마음에서 찾는 것이다"라고 말한다.

덕과 자기 일관성에 기반한 선택을 했을 때, 외부의 평가와 상관없이 마음이 안정되고 삶의 질이 높아진다는 사실을 반복해서 강조한다.

이 점은 외부 환경과 경쟁 속에서도 내적 기준과 덕을 지키는 것이 얼마나 중요한지 깨닫게 한다.

책을 읽으며 또 한 가지 중요한 통찰은 실천적 자기계발의 중요성이다. 세네카는 "덕을 아는 것만으로는 충분하지 않다. 그것을 행동으로 옮길 때 비로소 삶에 힘을 준다"라고 말한다.

행복과 덕의 관계를 이해하고 내 삶에 적용할 때, 우리는 외부 평가와 조건에 흔들리지 않고 지속적인 만족과 성취를 경험할 수 있을 것이다. 내 선택과 행동이 내 덕과 일치하도록 신중하게 판단하고, 존중과 신뢰를 기반으로 행동하려 한다.

세네카가 강조한 것처럼, 덕과 일관성을 중심으로 한 삶이야말로 외부의 변덕과 불확실성 속에서도 흔들리지 않는 행복을 만들어낸다는 사실을, 이번 독서를 통해 다시 한 번 확인할 수 있었다.

『세네카의 인생론』 - 루키우스 안나이우스 세네카

일상을 성찰하기

『몽테뉴의 수상록』을 읽으면서, 일상에서 마주하는 사소한 경험과 사건들이 얼마나 깊은 성찰의 계기가 될 수 있는지를 새삼 깨달았다.

작가는 자신의 생각과 일상을 솔직하게 기록하며, 삶 속 작은 사건에서 인간 본성과 존재의 의미를 탐구한다.

"자신을 알지 못하는 사람은 세상을 제대로 알 수 없다"라고 말하며, 자기 성찰이 모든 철학적 탐구의 출발점임을 강조한다.

인간의 본성과 감정에 대해 끊임없이 질문하며, 그 질문 속에서 자기 이해의 중요성을 강조한다. "자신의 마음을 관찰하는 일은 다른 모든 관찰보다 더 큰 지혜를 준다"라고 기록한다.

특히 기억에 남는 부분은 몽테뉴가 자기 경험을 철학적 성찰의 재료로 삼는 방식이다. 그는 작은 일상의 사건, 우연한 대화, 일상의 실수와 기쁨 속에서 인간 존재와 삶의 본질을 탐구한다.

그는 친구와의 짧은 대화에서 신뢰와 우정의 본질을 성찰하고, 감정의 변화와 판단 실수 속에서 인간의 불완전함을 탐구한다.

또한 인간의 불확실성과 모순을 솔직하게 드러내며, 이를 받아들이는 태도의 중요성을 강조한다. "사람은 늘 변하며, 마음은 같은 날에도 여러 방향으로 흔들린다"라고 기록한다. 다양한 변화, 사람들의 기분 변화, 일의 불확실성을 떠올리며 이 문장을 공감했다.

예상치 못한 상황에 직면할 때 흔들리고 당황하는 것은 자연스러운 일이다. 중요한 것은 흔들림 자체를 부정하거나 억누르는 것이 아니라, 내 감정을 인식하고 그 속에서 판단과 행동을 조율하는 능력이다.

몽테뉴의 글은 불완전하고 변화하는 인간임을 받아들이는 것 자체가 성찰과 성장의 시작임을 나에게 일깨워준다.

『몽테뉴의 수상록』 - 미셸 몽테뉴

구분하여 얻는 자유

에픽테토스는 내가 내 삶을 바라보는 시선과 일상을 살아가는 태도에 대한 근본적인 성찰을 하게 만들어 주었다. 외부 환경이 아니라 내 마음과 판단을 통제할 수 있는 능력이 인간의 진정한 자유와 행복을 결정한다고 말한다.

그는 "우리가 통제할 수 있는 것과 통제할 수 없는 것을 구분할 줄 아는 사람이 현명하다"라고 강조한다.

에픽테토스는 인간이 통제할 수 있는 영역은 오직 자신의 생각, 판단, 선택, 행동뿐이며, 이 영역을 제대로 이해하고 다스리는 것이 내적 자유로 이어진다고 강조한다.

그는 "자신의 판단과 선택을 스스로 지배할 때만 사람은 자유롭다"라고 기록한다.

책에서 특히 깊이 와닿는 부분은 욕망과 감정의 관리에 관한 가르침이다.

"욕망과 두려움에 휘둘리는 사람은 결코 자유롭지 않다"라고 말하며, 내 마음속 욕망과 두려움을 직시하고 그 속에서 올바른 판단을 내리는 훈련의 중요성을 강조한다.

좋아하는 음식, 취미, 작은 편리함에서 느끼는 집착부터 사람과의 관계에서 생기는 기대와 불안까지, 이러한 마음의 움직임에 따라 하루의 기분과 판단이 흔들리곤 한다.

내 감정의 흐름을 관찰하고, 필요 없는 집착과 과도한

기대를 내려놓으며, 내적 안정과 자유를 키워야 함을 일러준다.

“사람이나 사건이 우리를 해칠 수 있는 것이 아니라, 우리의 판단이 그것을 해로 만들 뿐이다”라고 기록한다. 일상에서 남의 말이나 행동에 쉽게 상처받고, 상황이 뜻대로 흘러가지 않을 때 불안해하곤 했다.

그러나 내 판단과 태도를 조절함으로써 마음의 평온을 얻을 수 있다고 말한다. 가족과 친구, 심지어 동료와의 관계 속에서도 상대의 태도나 말은 내가 통제할 수 없지만, 그로 인해 내 마음이 흔들리는 방식은 선택할 수 있다.

내적 자유를 얻는다는 것은 바로 이런 순간마다 내 판단과 감정을 스스로 조율하는 능력을 기르는 과정이다.

책을 읽으며 느낀 점은 자기 통제와 내적 자유가 외부 환경과 삶의 만족에도 영향을 준다는 사실이다. 날씨, 교통, 주변 사람의 말과 행동처럼 통제할 수 없는 일들 때문에 자주 스트레스와 불안을 경험했다.

에픽테토스의 가르침은 이러한 순간을 내 선택과 태도를 점검하는 기회로 바꾸게 한다. 내가 내 마음을 다스릴 수 있다는 사실은, 외부 상황과 관계없이 평온과 자유를 유지할 수 있는 힘을 준다.

작은 감정의 선택에서 시작된 내적 자유는, 점차 삶 전반에서 느끼는 만족과 안정으로 이어진다.

일상에서 겪는 사소한 사건과 감정을 철저히 관찰하고, 내 판단과 선택을 스스로 통제함으로써 내적 자유와 평온을 얻는 방법을 보여주는 책이다.

아침의 작은 선택, 하루 동안 겪는 감정과 반응, 밤에 돌아보는 자기 성찰의 과정이 모두 내적 자유를 쌓는 훈련이라는 사실은, 앞으로 일상을 바라보는 시선과 내 삶을 설계하는 태도를 근본적으로 바꾸는 계기가 될 것이다.

『에픽테토스의 인생을 바라보는 지혜』 - 에픽테토스

자신을 갱신하라

차라투스트라가 전하는 메시지는 단순히 철학적 사유에 머무르지 않고, 매일 반복되는 삶의 순간 속에서 자신을 극복하고 새로운 가치를 창조하며 살아가는 법을 가르친다.

그는 인간이 스스로를 한계 속에 가두지 않고, 매일의 선택과 행동 속에서 초인적 태도를 실천해야 한다고 강조한다.

"인간은 극복되어야 할 존재이며, 자신을 넘어서는 자가 진정으로 삶의 주인이 된다"라는 말은, 내가 일상에서 겪는 작은 갈등과 선택, 반복되는 습관 속에서도 스스로를 성장시키고 책임지는 태도가 얼마나 중요한지를 일깨워주었다.

인간 존재의 본질과 삶의 의미를 탐구하며, 전통적 가치와 규범에서 벗어나 스스로 삶의 기준을 설정할 것을 권한다. "너 자신을 창조하라"라고 기록하며, 남들이 정한 성공과 도덕에 의존하지 않고 자신의 판단과 선택으로 삶을 구성하는 것의 중요성을 강조한다.

아침에 맞이하는 하루, 출근길의 작은 결정, 사람들과 나누는 사소한 대화 속에서 나조차 쉽게 습관과 외부 기대에 휘둘릴 때가 많았음을 떠올렸다.

니체의 글은 이러한 순간들을 단순히 흘려보낼 것이 아니라, 의식적으로 자신을 단련하고 내적 기준을 세우는 연습의 장으로 삼아야 함을 깨닫게 했다.

차라투스트라는 "오늘의 너를 내일의 너로 초월시켜

라"라고 말하며, 자기 자신과의 끊임없는 싸움과 성찰을 강조한다. 일상 속에서 작은 습관과 행동, 감정 조절에서조차 스스로를 단련하지 않으면, 인간은 쉽게 외부 환경과 타인의 기대에 좌우된다.

가족과의 일상, 업무 속 반복되는 의사결정, 대인관계에서 나타나는 갈등을 떠올리며, 그동안 나 자신의 선택과 행동을 깊이 성찰하지 않았던 순간들을 인정하게 되었다.

인간이 자신의 가치와 삶의 의미를 스스로 창조해야 한다고 강조한다. 그는 "모든 전통과 규범이 너를 억압할 때, 너 자신을 새로 쓰라"라고 기록한다.

나는 매일 반복되는 삶 속에서 남들이 정한 기준과 기대에 흔들리며 스스로를 제한했던 순간을 떠올렸다.

일상에서 초인적 태도를 실천하는 것은 거창한 사건이나 극적인 변화를 의미하지 않는다. 작은 반복적 선택과 행동에서 자신을 단련하고 내적 기준을 확립하는 것이 중요함을 강조한다.

아침의 작은 결정, 일과 중 느끼는 감정의 파동, 타인과 나누는 사소한 대화에서조차 내가 어떤 선택을 하고 어떤 기준으로 반응하는지를 점검하는 것이 바로 초인적 삶으로 나아가는 훈련이다.

하루를 돌아보며 내가 느낀 감정과 판단, 선택을 점검하고, 내 가치와 일치하지 않는 반응은 조정하는 과정을 반복하다 보면, 내 마음과 삶은 점차 자유롭고 주체적인 방향으로 나아가지 않을까.

『차라투스트라는 이렇게 말했다』 - 프리드리히 니체

책임을 회피하지 않기

『명상록』은 수천 년 전 로마 황제가 자신의 내면과 세상을 바라보며 쓴 글이지만, 오늘날의 일상과 직장 생활에도 놀라울 만큼 직접적인 교훈을 준다. 이 책에서 가장 두드러진 주제 중 하나는 바로 책임 중심의 삶이다.

황제라는 지위와 세상의 혼란 속에서도 자신의 행동과 선택에 대한 책임을 피하지 않고, 오히려 내적 성찰과 철학적 규범 속에서 삶을 견디고 성장하는 방법을 찾았다. "네가 맡은 역할에 충실하고, 그 역할을 성실히 수행함으로써 네 삶의 의미를 완성하라"

"자신이 할 수 있는 일을 성실히 하고, 할 수 없는 일에는 마음을 빼앗기지 마라"

이 구절은, 일상에서 마주하는 수많은 압박과 상황 속에서 나의 역할과 한계를 명확히 인식하고, 그 안에서 최선을 다하는 삶이 진정한 책임임을 알려준다.

책임은 피하는 것이 아니라 내가 맡은 영역에서 최선을 다하고, 판단과 행동을 성실하게 수행하는 것임을 깨닫게 된다.

책에서 그는 죽음과 시간에 대한 인식을 통해 책임의 무게를 강조하기도 했다. "너에게 주어진 하루는 다시 오지 않는다. 그 시간을 헛되이 보내지 말고, 너의 역할을 다하라"

매 순간이 되돌릴 수 없는 기회임을 상기시키며, 오늘 내가 해야 할 책임과 역할을 최선을 다해 수행해야 함을 알려준다.

특히, 그는 외부 조건에 흔들리지 않고 내적 판단과 행동을 중심으로 책임을 수행하는 법을 강조한다. “외부 사건은 너를 해치지 않는다. 너의 판단이 그것을 해롭게 만들 뿐이다”라는 문장은, 예상치 못한 사건으로 인한 스트레스와 불안을 다루는 데 큰 통찰을 준다.

외부 요인에 마음을 빼앗기기보다는 내가 맡은 일과 책임, 판단과 행동에 집중하는 것이 내적 평온과 성취를 동시에 가져온다는 사실을 깨닫게 된다.

『명상록』 - 마르쿠스 아우렐리우스

책임지는 자유

『자유론』은 현대 사회에서 우리가 흔히 겪는 갈등과 선택, 그리고 의사결정의 방식을 돌아보게 만드는 책이다. 특히 이 책은 개인의 자유와 사회적 책임, 그리고 타인과의 관계 속에서 자유가 어떻게 실천될 수 있는지를 날카롭게 제시한다.

"개인의 자유는 타인에게 해를 끼치지 않는 한 존중되어야 한다"라고 말하며, 사회와 조직 속에서도 개인이 자신의 의견과 방식으로 행동할 권리가 있다는 점을 명확히 한다.

이 원칙은 단순히 자유를 보장하는 차원을 넘어, 다양성을 존중하고 토론을 통해 성장할 수 있는 조직 문화를 만들어가는 길과 직결된다.

밀은 또한 사회적 압력과 다수의 의견이 개인의 자유를 침해할 수 있음을 경고한다. "사회적 관습과 다수의 의견이 개인의 판단을 억압할 때, 인간은 스스로를 잃는다"라는 말은 직장에서 흔히 맞닥뜨리는 상황을 떠올리게 한다.

그 순간에는 갈등을 피하고 편안함을 얻는 것처럼 보이지만, 장기적으로 보면 조직의 문제 해결과 나 자신의 성장 모두에 손해가 된다.

이러한 상황에서 개인이 자신의 판단과 의견을 분명히 하고, 다수와 다른 입장이라 하더라도 책임 있게 표현해야 함을 강조한다.

이는 단순히 반대 의견을 말하는 것이 아니라, 조직 내 토론의 질을 높이고, 나 자신에게도 책임감과 자율성을 부여하는 행위라는 생각이 들었다.

"의견의 충돌과 토론은 단순한 논쟁이 아니라 진리를 탐구하는 과정"이라고 말한다. 감정적 충돌을 피하고자 의견을 삼키거나, 다수의 분위기에 맞춰 동조하는 경우가 많다.

그러나 밀의 가르침을 통해 깨달은 것은, 토론이 단순히 논쟁의 장이 아니라, 서로 다른 경험과 지식을 결합해 더 나은 결정을 이끌어내는 과정이라는 점이다.

자유론을 조직과 일상에 적용할 때, 중요한 점은 자유와 책임의 균형이다. 개인이 자유롭게 의견을 표현하고 선택할 수 있다고 해서, 조직과 사회적 책임을 무시해도 된다는 의미는 아니다.

『자유론』은 자유와 책임이 조화된 성숙한 삶을 만드는 길을 보여준다. 일상에서도 가족과 친구, 주변 사람들과의 대화 속에서 자유와 책임, 존중을 기반으로 한 토론과 의사소통을 실천함으로써 내 삶을 보다 주체적이고 의미 있게 만들어갈 계획이다.

자유와 책임, 그리고 토론과 다양성의 가치는 현실 속에서 실천할 때 삶과 조직을 풍요롭게 만드는 실제적 도구라는 점이다. 매 순간 선택과 행동 속에서 이 원칙을 실천하며, 성숙한 인간으로 성장해 나가려 한다.

『자유론』 - 존 스튜어트 밀

경험을 대하는 태도

삶을 살면서 우리는 수많은 경험과 선택, 기쁨과 고통을 마주한다. 주인공 싯다르타는 부유한 집안에서 태어나 스승에게서 배움을 얻고, 출가하여 금욕과 명상을 통해 깨달음을 추구하며, 이후 세속적인 삶 속에서 부와 사랑, 실패와 상실을 경험한다.

그의 여정을 따라가면서 나는 스스로에게 질문하게

된다. 나의 삶 속 다양한 경험들은 단순히 스쳐 지나가는 사건들인가, 아니면 나를 더 나은 사람으로 성장시키는 자양분인가.

싯다르타는 책 속에서 직접적으로 답을 주기보다는, 경험을 온전히 느끼고, 이해하며, 그 속에서 스스로 깨달음을 얻도록 도와준다.

싯다르타의 여정을 보면, 성장에 있어 가장 중요한 요소는 직접적 경험과 내적 성찰임을 알 수 있다. 그는 스승의 가르침이나 사회적 규범에 의존하지 않고, 스스로의 삶 속에서 답을 찾는다.

"진리는 가르침으로는 얻을 수 없다. 스스로 체험하고 이해해야 한다"라는 그의 사고는 나에게 큰 가르침을 주었다.

인생을 살아가며 우리는 책이나 강의, 타인의 조언으로 많은 지식을 얻지만, 실제로 나를 변화시키는 힘은 그 지식을 삶 속에서 체험하며 내면화할 때 비로소 생긴다.

싯다르타의 삶은 경험 자체가 성장의 씨앗이 될 수 있음을 알려준다. 기쁨과 성공뿐 아니라, 실패와 고통까지도 배움과 자기 계발의 자원으로 전환할 수 있다는 점이 특히 와닿는다.

또한 『싯다르타』는 실패와 상실을 통한 배움의 중요성을 강조한다. 주인공은 돈과 쾌락, 권력 속에서 방황하며 인간적 한계를 경험하고, 이를 통해 자신의 내면과 진정한 행복을 탐구하게 된다.

싯다르타는 실패를 단순한 좌절로 끝내지 않고, 자신의 깨달음과 내면적 변화를 위한 연료로 삼는다. 이는 인생 전반에 걸쳐 성장과 성숙을 추구하는 모든 사람에게 유효한 전략이자 삶의 태도임을 깨닫게 한다.

싯다르타는 스승의 가르침이나 주변 환경에 맹목적으로 의존하지 않고, 자신의 선택과 행동을 통해 깨달음을 향해 나아간다.

"나는 나의 길을 선택하고, 그 길에서 배우겠다"라는 문장은 삶의 모든 경험을 자신의 성장을 위한 자료로 삼기 위해 필수적인 자세를 보여준다.

마지막으로 『싯다르타』는 삶의 총체적 경험을 통한 통합적 성찰을 강조한다. 주인공은 명상, 세속적 경험, 인간관계, 자연과의 교감을 통해 각기 다른 삶의 요소들을 통합하고, 그 속에서 자신만의 깨달음을 발견한다.

“진정한 지혜는 모든 경험을 하나로 이어보는 데서 온다”라는 문장은, 나에게 삶의 조각들을 흩어진 사건으로 받아들이지 않고, 연속적이고 통합적인 배움으로 보는 관점을 심어준다.

과거의 성취와 실패, 기쁨과 슬픔, 사회적 역할과 개인적 욕구를 따로 떼어 생각하기보다, 모두 내 성장과 내면적 성숙을 위해 유기적으로 연결하는 습관을 기르려 한다.

『싯다르타』 - 헤르만 헤세

고요 속에서 삶은 회복된다

나는 고정된 목표와 성취로 나 자신의 가치를 측정했으며, 주변의 평가와 기대가 나의 기준이 되는 순간이 많았다. 그러나 이 책은 삶이란 단지 속도나 결과로 정의되는 것이 아니라, 한 사람의 마음이 어떻게 변화하고 회복되는지의 과정이라는 사실을 상기시켰다.

패트릭 브링리가 형의 죽음 이후 메트로폴리탄 미술

관의 경비원이 되어 그림과 동료들, 방문객들 사이에서 자신의 상실을 치유해 나간 이야기는, 삶의 전환과 회복이 어떻게 시작되는지를 보여줬다.

그의 여정은 처음부터 극적이거나 화려하지는 않았다. 그는 형을 잃은 뒤 "고요하게 서 있고 싶다"고 느끼며 미술관이라는 정적과 시간의 장소를 선택한다.

미술관은 전통적으로 아름다움과 영원을 상징하는 장소지만, 그에게는 고통과 혼란을 잠시 멈추고 숨을 고를 수 있는 공간이기도 했다.

그는 이곳에서 하루하루를 보내며 작품 앞에 서고, 갤러리를 걷고, 미술관이라는 거대한 구조 속에서 자신을 관찰한다. 그 과정 자체가 내적 전환의 시작이었을 것이라 생각했다.

그림과 조각, 장인의 손길로 만들어진 작품들 앞에서 그는 슬픔과 기쁨, 예술이 가진 오래된 힘을 경험한다. 그 작품들은 단지 시각적 아름다움만을 위한 것이 아니었다.

작품 앞에서 자신의 감정과 시간을 재정렬하는 법을 배우기 시작한다. 작품을 바라보는 동안 마음속에서 일어나는 파동들은, 그의 내면 깊은 곳에 머물던 상실의 무게를 꺼내 보이게 했다.

경비원으로서 그는 갤러리 안팎의 다양한 사람들을 접하게 된다. 예술의 전문가나 비평가뿐 아니라, 때로는 방향을 잃고 목적 없이 작품 사이를 배회하는 방문객들도 많았다.

그는 이러한 관람객들의 모습에서 삶의 여러 면모를 보았다. 어떤 이는 작품 앞에서 숙연해하고, 어떤 이는 그림보다 스마트폰 카메라를 먼저 바라보기도 했으며, 또 어떤 이는 작품을 통해 자신만의 이야기를 만들어갔다.

다양한 인간군상을 관찰하면서, 예술이 단지 감상하는 대상이 아니라 각자의 삶을 비추는 거울임을 이해하게 된다.

자신의 상실을 예술과 공동체, 그리고 조용한 일상 속

에서 녹여 회복의 장으로 만든다. 그는 같은 공간에서 일하는 동료들과 유대감을 쌓았고, 그들을 통해 삶과 일, 인간 사이의 연결을 체감하게 된다.

경비원이라는 역할 자체가 단순히 작품을 지키는 일이 아니라, 미술관이라는 작은 사회 속에서 사람과 예술, 삶을 연결하는 자리임을 깨닫게 되는 과정이었다.

나는 이 책을 통해 삶의 전환점이 반드시 극적인 사건이나 큰 변화에서만 오는 것이 아님을 이해하게 되었다.

오히려 비교적 조용한 선택, 예컨대 자신이 사랑했던 일을 잠시 내려놓고 새로운 환경 속에서 스스로를 관찰하며 내적 반응을 기록하는 일이, 진정한 자기 이해와 회복의 출발점이 될 수 있음을 믿게 되었다.

미술관에서 경험한 평범한 일상과 그것이 주는 깊은 울림은 나로 하여금 일상에서 의미를 발견하고 자신을 치유하는 방식을 새롭게 정의하게 했다.

그리고 시간이 흐르면서 그는 서서히 삶의 리듬과 균

형을 되찾는다. 미술관에서의 시간을 통해 그는 고요와 소란, 인간적 관계와 예술적 경이 사이에서 균형을 찾았고, 그 여정은 그가 외부 세계로 다시 나아갈 수 있는 준비가 되었다.

그가 처음 경비원으로 들어왔을 때의 무기력함과 달리, 시간이 흐른 뒤 그는 자신을 둘러싼 세상을 더 넓은 시선으로 바라보게 된다. 이는 단지 직장에서의 변화가 아니라 자신의 내면과 삶의 구조 전체를 재구성하는 과정이었다.

이 책이 준 가장 중요한 통찰은, 삶의 상실과 혼란의 순간에도 자신만의 방식으로 회복하고 성장할 수 있는 통로는 존재한다는 점이다.

그것은 반드시 눈에 보이는 변화나 성취가 아니라, 내면의 상태를 관찰하고, 주변 세계의 아름다움과 고통을 동시에 마주함으로써 이루어지는 미묘한 변화다.

앞으로 살아갈 날들 속에서 겪게 될 시행착오와 불안, 기쁨과 슬픔까지도 경비원이 작품을 바라보듯이, 좀 더 섬세하게 받아들이고 성찰하려 한다.

그렇게 함으로써 인생의 전환과 회복의 여정이 다시금 나의 삶에 스며들 수 있도록 준비해나가려 한다.

『나는 메트로폴리탄 미술관의 경비원입니다』 - 페트릭 브링리

언어가 삶에 미치는 힘

『괴테는 모든 것을 말했다』를 접하면서 나는 언어와 철학이 단순한 학문적 대상이 아니라, 우리 삶의 매순간을 조율하는 실질적 도구가 될 수 있다는 사실을 깊이 느꼈다.

책 속 주인공은 괴테의 문장과 사유를 따라가며 자신의 내면을 탐색하고, 언어로 삶을 정리하며, 철학적 통찰을 일상 속에 적용해 나간다.

괴테의 문장은 마음속에서 반복되고 되새김질되며 사고의 틀을 바꾸는 힘을 가지고 있다. 책 속에서 한 구절이 반복되는데, “인간의 모든 경험은 언어 안에서 다시 태어난다”는 말은 내 삶을 돌아보게 만들었다.

책을 읽으며 철학적 사유가 삶의 방식에 얼마나 직접적인 영향을 미치는지 깨달았다. 주인공은 괴테의 문장을 단순히 지적 유희로 즐기지 않는다.

그는 자신의 선택과 감정, 대인관계, 그리고 삶의 작은 루틴까지 문장을 통해 자기 점검과 재구성을 한다.

언어가 삶에 미치는 힘은 특히 감정과 관계에서 더욱 분명하게 드러난다. 책 속 주인공이 괴테의 문장을 마음속으로 반복하며, 불안과 상실, 기대와 실망 같은 감정을 정리하는 장면이 있다.

단순히 순간적인 반응으로 감정을 처리하는 대신, 마음속에서 언어적 틀을 갖고 상황을 다시 구성하면 감정의 흔들림이 한층 안정될 수 있다는 점을 알게 된 것이다.

또한, 책은 철학이 단순한 지적 체험에 머무르지 않고, 실천적 삶의 도구가 될 수 있음을 강조한다. 주인공은 철학적 통찰을 자신의 행동과 선택, 관계에 적용하면서 일종의 내적 실험을 한다.

언어와 철학이 우리에게 단순히 답을 주는 것이 아니라 질문을 던지는 도구라는 점이다. 주인공은 괴테의 문장을 통해 끊임없이 자신에게 질문을 던지고, 기존의 사고 패턴과 습관을 점검한다.

"나는 지금 어떤 사고와 선택으로 나를 규정하고 있는가?"를 물어보게 되었다. 괴테의 언어는 나를 비판하거나 평가하지 않지만, 내 삶의 방향과 태도를 성찰하도록 촉발하는 힘을 갖고 있었다.

나에게 일상의 순간들을 다시 읽고, 스스로를 점검하며, 삶의 의미를 조금씩 재구성할 수 있는 계기가 되었다. 언어는 단순한 정보 전달의 수단이 아니라, 사고와 감정, 행동을 구조화하는 틀이며, 철학은 그 틀을 의식적으로 다듬는 도구가 된다.

단순히 문장을 기억하는 것이 아니라, 문장을 통해 사고의 틀을 재조정하고, 일상 속에서 조금 더 의식적으로 행동하며, 내면의 목소리를 확인하는 연습을 시작하고 싶어졌다.

괴테가 남긴 언어와 철학은 결국 먼 과거의 기록이 아니라, 현대를 살아가는 우리에게 여전히 살아 있는 안내자 역할을 한다.

『괴테는 모든 것을 말했다』 - 스즈키 유이

직관이 아니라 현실로 판단하는 법

『세상은 실제로 어떻게 돌아가는가』는 현실을 바라보는 시각과 의사결정 방식을 근본적으로 점검하게 만들며, 단순히 세상의 구조를 설명하는 데 그치지 않고, 우리가 일상에서 내리는 판단과 선택이 얼마나 제한된 정보와 잘못된 가정에 기반할 수 있는지를 명확히 보여준다.

핵심은 불확실성과 복잡성을 인정하는 태도다. 그는 세계를 단순화하거나 이상적으로 모델링하려는 시도가 자칫 현실을 오도할 수 있음을 여러 사례와 데이터로 보여준다.

직장과 가정, 사회적 관계 속에서 쉽게 결과를 예측하고, 과거 경험에 기반해 미래를 단순하게 그려버리는 경향이 있었다.

하지만 단순한 예측이 아닌, 데이터와 사실에 기반한 평가와 판단을 강조하며, 불확실성을 적극적으로 고려하는 것이 실제로 더 나은 결정을 가능하게 한다는 점을 설득력 있게 보여준다.

개인적으로 가장 깊이 와닿았던 부분은, 현실을 정확히 이해하는 것이 단순히 지적 만족이나 정보 수집에 그치지 않고, 삶의 선택과 행동에 직접적 영향을 준다는 점이다.

충분한 데이터와 현실적 맥락을 고려하지 않고 내린 선택은 장기적으로 더 큰 비용과 혼란을 초래할 수 있다는 사실을 깨달았다.

또한, 이는 개인 생활에서도 마찬가지다. 재정 계획, 건강 관리, 가족과의 관계 등 수많은 결정이 현실에 대한 이해와 사실 기반 사고에 따라 달라질 수 있다는 점을 되새기게 되었다.

책을 읽으며 떠오른 또 다른 생각은, 사실 기반 사고와 현실 인식이 단순히 수치와 데이터만을 보는 능력에 국한되지 않는다는 점이다. 데이터를 해석하고 맥락을 이해하며, 전체 시스템 속에서 변화가 어떻게 영향을 미칠지 통찰하는 능력까지 강조한다.

나는 이를 통해, 나 자신이 단순한 정보 수집에 머무르지 않고, 그것을 내 판단과 행동에 어떻게 적용할 것인가를 고민하는 과정이 필요함을 깨달았다.

앞으로 매 순간의 결정에서 직관과 감정에만 의존하지 않고, 스밀이 강조한 데이터와 현실적 맥락을 충분히 고려하려는 노력을 실천해야겠다는 다짐을 했다.

현실을 있는 그대로 보고, 사실에 기반해 사고하며 행

동하는 능력 자체가 경쟁력이고 삶을 지탱하는 힘이라는 점이다.

스밀의 글을 읽으며, 단순한 정보의 수집을 넘어, 현실을 있는 그대로 이해하고 이를 바탕으로 선택과 행동을 계획하는 습관을 삶에 적극적으로 적용해야겠다고 다짐해본다.

『세상은 실제로 어떻게 돌아가는가』 - 바츨라프 스밀

이미 늦었다는 생각은 사실이 아니다

최근 자주 떠오르는 생각 중 하나는, 지금에서야 뭔가를 새로 시작하는 것이 과연 가능할까 하는 의문이다.

이 책은 세상이 실제로 어떻게 변해왔는지를 데이터와 사실로 보여주면서, 우리가 얼마나 자주 잘못된 인식에 사로잡혀 있는지를 드러낸다.

책에서 저자들은 인간이 세상을 지나치게 비관적으

로 바라보는 경향을 여러 본능으로 설명한다. 그중 하나가 부정 본능이다. 우리는 실제 데이터보다 나쁜 사례를 더 강하게 기억하고, 변화보다는 정체와 실패에 주목한다.

책에서는 전 세계의 건강, 교육, 수명, 생활 수준이 장기적으로 어떻게 변화해 왔는지를 보여준다. 대부분의 사람들은 세상이 점점 나빠지고 있다고 생각하지만, 실제 데이터는 그렇지 않다는 점을 분명히 한다.

개인의 성장과 변화 역시 마찬가지가 아닐까. 특정 나이를 기준으로 가능성과 잠재력이 급격히 줄어든다는 믿음은 과연 사실일까, 아니면 사회적 통념에 불과할까 하는 생각이 들었다.

『팩트풀니스』는 이런 단순화된 구분이 얼마나 위험한지 보여준다. 저자들은 세계를 선진국과 개발도상국처럼 이분법적으로 나누는 사고가 현실을 왜곡한다고 지적한다.

변화는 직선적으로 일어나지 않고, 느리지만 꾸준히 누적되며, 개인의 삶에서도 마찬가지다. 지금의 선택이 당장 눈에 띄는 결과를 만들지 않더라도, 장기적으로는 전혀 다른 방향을 열 수 있다.

또 이 책은, 희망을 감정이 아닌 사실 위에 세운다는 점이다. 막연한 낙관주의가 아니라, 데이터에 근거한 가능성을 말한다. 현실을 정확히 보되, 가능성까지 함께 보는 태도가 중요하다는 점을 강조하고 있다.

보이지 않는 수많은 변화와 누적된 성장은 이야기되지 않을 뿐, 실제 삶에서는 계속 일어나고 있다. 나 역시 지금까지의 경험과 실패, 축적된 판단력을 바탕으로 전혀 다른 선택을 할 수 있는 위치에 서 있다는 사실을 인정하게 되었다.

책을 읽고 세상을 바라보는 시선뿐만 아니라, 나 자신의 시간과 가능성을 바라보는 태도 역시 다시 점검하게 되었다. “지금 시작하기엔 늦었다”는 말은 더 이상 사실처럼 느껴지지 않는다.

그것은 내가 얼마나 세상을, 그리고 나 자신을 부정적으로 보고 있었는지를 보여주는 신호에 가깝다. 이제는 그 신호를 그대로 믿기보다, 사실을 확인하고, 가능한 선택을 하나씩 검토해보는 쪽을 택하고 싶다.

『팩트풀니스』 - 한스 로슬링 外

숫자는 답이 아닌 검증

삶이 쌓이다 보니, 나는 무심코 떠도는 '상식'과 '직관'을 현실이라고 믿는 경향이 있음을 자주 깨닫는다. 뉴스 헤드라인을 보고, 주변 사람들의 경험담을 듣고, 인터넷에서 회자되는 숫자를 맹목적으로 받아들이는 순간, 나의 판단은 이미 편향된 정보에 기초하고 있다.

『숫자는 어떻게 진실을 말하는가』는 나에게 이 사실을 예리하게 가르쳐 주었다. 이 책은 단순히 수치를 나열하거나 데이터 분석의 기술을 가르치는 것이 아니라, 우리가 가진 직관과 현실 사이의 간극을 이해하고, 복잡해 보이는 숫자를 통해 오해를 바로잡는 사고 훈련을 제공한다.

"숫자는 거짓말하지 않는다. 다만, 우리가 맥락을 이해하지 못하면 숫자는 오해를 낳는다."

스밀의 지적을 떠올리면, 숫자가 단순히 차가운 정보에 불과한 것이 아니라, 사람들의 착각과 편향을 드러내는 도구임을 깨닫게 된다. 단순히 눈에 보이는 결과보다, 데이터를 통해 숨겨진 원인을 분석하는 습관을 조금씩 익히려 한다.

책에서 특히 흥미로웠던 부분은 사회 현상과 기술, 환경 문제에 대한 분석이다. 스밀은 "기술과 정책의 효과를 직관적으로 판단하면 오판하기 쉽다.

우리는 자주 수치보다 드라마틱한 이야기에 현혹된다"라고 말한다. 뉴스에서 종종 '전기차는 완전히 친환경이다'라는 문구를 접하고, 무의식적으로 그것을 사실로 받아들였다.

하지만 책에서는 에너지 생산과 소비, 재료 제조 과정 등을 수치로 분석하며, 직관과 현실이 얼마나 다른지를 보여준다. 읽으면서 느낀 것은, 세상을 있는 그대로 보는 눈을 갖는 일은 단순히 정보 수집이 아니라 내 생각과 직관을 끊임없이 검증하는 과정이라는 점이었다.

숫자를 제대로 이해하려면 비교와 맥락이 필수적이다. 스밀은 "단일 수치보다 변화율과 비교 대상이 의미를 준다"라고 말한다. 경제 성장률이 3%라고 들었을 때, 나는 단순히 3%라는 숫자만 보고 '괜찮은 수치'라 생각했다.

하지만 책에서 강조하듯, 과거 성장률과 다른 국가의 성장률, 인구 구조 변화 등을 함께 고려하면 전혀 다른 평가가 나온다. 숫자는 그 자체로는 진실을 담고 있지만, 해석하는 사람의 맥락 이해 능력에 따라 진실의 의미가 달라진다는 것이다.

이 책이 내게 준 가장 큰 깨달음은, 세상에 대한 오해가 숫자를 통해 상당 부분 바로잡힌다는 점이다. 직관적으로 믿었던 '사람들의 생각'이나 '사회적 상식'이 실제 통계와 데이터를 보면 얼마나 어긋날 수 있는지를 이해하면서, 나는 무심코 내린 판단에 조심스러워졌다.

예를 들어, 팬데믹 초기, 나는 감염자 수가 적은 지역에서는 안전하다고 느꼈지만, 실제 숫자를 통해 이동 패턴과 전파 속도를 분석하면 그 직관이 얼마나 위험한 판단이었는지 알 수 있었다.

또 하나 흥미로웠던 점은, 숫자가 진실을 말한다고 해서 모든 질문의 답을 주는 것은 아니라는 점이다.

"숫자는 도구다. 중요한 것은 그것을 어떻게 해석하고 적용하느냐"라고 말한다. 성과를 수치로 검토할 때, 단순히 매출액이나 참여율만 보는 것이 아니라, 그 뒤에 숨은 원인, 환경, 그리고 사람들의 행동 패턴까지 고려해야 진짜 의미를 파악할 수 있다.

숫자는 단순한 정보가 아니라 판단의 토대이며, 그 토대를 잘 활용하는 사람과 그렇지 않은 사람의 차이는 생각보다 크다.

현실과 직관의 간극을 인정하는 일이 결코 부정적이지만은 않다는 점은 흥미로웠다. 오히려 그 간극을 의식하고, 데이터를 통해 현실을 확인하는 과정에서 자신의 판단력을 견고하게 만들 수 있기 때문이다.

일상에서 숫자를 마주할 때마다 조금 더 호기심과 겸손을 가지고 바라본다.

숫자는 거짓말하지 않는다. 다만, 그것을 읽고 해석하는 나의 태도와 사고가 진실과 오해를 가른다. 이제는 그 힘을 조금씩 이해하게 되었고, 그 과정 속에서 세상을 보는 눈이 조금 더 명확해졌다는 사실이 내게 큰 의미로 다가온다.

『숫자는 어떻게 진실을 말하는가』 - 바츨라프 스밀

잘 활용하는 삶

비로소 '소유'라는 개념이 삶에서 어떤 의미를 가지는지 깊이 고민하게 되었다. 『소유의 종말』은 이러한 성찰에 결정적인 계기를 제공했다.

근대 자본주의가 개인의 물리적 소유를 중심으로 돌아갔다면, 이제 우리는 접속(access)의 시대, 즉 제품과 서비스를 직접 소유하기보다는 필요한 순간에 이용하는 방식으로 삶과 경제가 전환되고 있다고 말한다.

앞으로의 삶에서 내가 쌓아야 할 자산과 경험에 대한 관점을 완전히 바꾸어야겠다는 생각을 했다. 단순히 물건을 소유하는 것이 안정과 성공을 보장하지 않는 시대에, 삶의 전략과 자산을 접속과 경험 중심으로 재설계해야 한다는 점이 핵심인 것이다.

리프킨은 단순히 소유가 줄어든다고 말하지 않는다. 그는 이 변화를 통해 자원의 효율적 활용과 개인 삶의 질 향상이 가능하다는 점을 강조한다.

새로운 기술을 배우거나 인문학적 지식을 습득하는 과정은 물리적 소유와 상관없이 나의 지적 자산과 사회적 자본을 늘려준다.

특히 흥미로웠던 부분은, 리프킨이 말하는 경제와 문화의 변화가 단지 개인 차원의 선택이 아니라 사회적 패러다임의 전환이라는 점이었다.

나는 이미 형성된 삶의 틀과 습관을 가지고 있지만, 앞으로는 유연성과 적응력이 핵심 전략이 될 수밖에 없다. 소유가 삶의 중심이 아니라면, 더 이상 '모든 것을 내 손에 넣어야 한다'는 압박에 시달릴 필요가 없다.

대신, 내가 필요로 하는 순간과 장소에서 자원과 경험에 접근하고 활용할 수 있는 능력이 중요하다. 이 생각을 떠올리면서, 나는 내 삶의 시간과 에너지를 필요한 순간에 집중적으로 투자하는 전략을 세워야겠다는 결론에 도달했다.

과거에는 '더 많이 소유하고 더 많이 축적'하는 것이 목표였다면, 이제는 '필요한 것에 접속하고 경험을 활용하며 의미 있는 관계를 구축'하는 방식으로 목표를 설정해야 한다.

리프킨이 말한 '소유의 종말'은 결코 부정적인 의미가 아니다. 오히려 이것이 삶을 다시 설계하고, 본질적인 가치를 재발견할 수 있는 기회라고 느꼈다.

이제 '소유'가 아닌 '접속'을 통해 내 삶의 질과 의미를 높이는 방법을 구체적으로 고민하고, 이를 실천으로 옮기는 단계에 들어설 것이다. 삶의 무게와 속도 속에서 무엇이 진정 내게 가치 있는 자산인지 선택하고 집중하는 것이, 앞으로의 나에게 가장 중요한 과제임이 분명해졌다.

『소유의 종말』 - 제러미 리프킨

연결의 힘

최근 몇 년 동안 직장과 일상에서 느낀 변화는 단순한 환경 변화가 아니라, 나 자신의 사고방식과 행동 패턴까지 바꾸어야 하는 문제였다.

『초연결 지능』은 그런 내 고민에 명확한 답을 제공해주었다. 책에서 크리츨로우는 현대 사회를 단순한 정보사회가 아닌 사람, 정보, 기술이 얽히고설킨 초연결 네트워크로 이해해야 한다고 말한다.

『초연결 지능』에서 말하는 초연결 지능은, 지능을 더 이상 개인의 뇌 속 능력으로만 보는 전통적 관점을 넘어, 사람과 사람, 사람과 정보, 사람과 기술이 연결될 때 발현되는 집단적·상호작용적 지능을 의미한다.

이는 개인의 지식이나 사고를 합친 단순한 집합이 아니라, 공감, 협력, 정보 공유, 기술적 네트워크를 통해 서로 영향을 주고받으면서 만들어지는 새로운 사고 능력으로, 복잡한 문제를 해결하고 창의적 아이디어를 생성하는 힘을 극대화하는 현대적 지능의 형태라고 볼 수 있다.

책에서 특히 인상적이었던 부분은 변화와 적응의 중요성이었다. "초연결 환경에서는 변화에 민첩하게 대응하는 능력이 곧 경쟁력이다"라고 강조한다.

예전에는 변화에 직면하면 불안과 저항이 먼저 나타났지만, 이제는 새로운 연결과 정보의 흐름 속에서 기회를 발견하려고 한다.

연결과 정보가 많아진 세상에서, 단순히 흘러가는 정

보에 휘둘리지 않고, 관계와 경험을 통해 나만의 의미 있는 연결망을 구축하며 살아가는 것이 무엇보다 중요하다는 것을 확실히 느낀다.

『초연결 지능』 - 한나 크리츨로우

불평등은 구조다

최근 몇 년간 나는 뉴스를 볼 때마다, 세계 곳곳에서 벌어지는 극심한 불평등과 사회적 격차에 대해 실감하게 되었다.

부유한 나라와 가난한 나라, 대기업과 중소기업, 고학력층과 저학력층, 정치적 권력을 가진 집단과 그렇지 못한 집단 사이의 차이가 점점 더 벌어지고 있다는 현실이다.

『기울어진 평등』은 이러한 현실을 단순한 통계 이상의 맥락에서 이해하도록 도와준 책이다.

샌델이 강조하는 능력주의와 정의의 문제도 인상 깊었다. 그는 능력주의가 공정해 보이지만 사실상 사회적 출발점과 기회가 균등하지 않다면, 그 자체가 또 다른 불평등을 생산한다고 지적한다.

책에서 다루는 세계적인 현상들, 특히 부와 권력의 집중은 나와는 상관없는 먼 이야기로만 느껴질 수 있다. 그러나 이러한 현상이 우리 사회와 내 삶에도 직접적인 영향을 준다는 사실을 실감했다.

기술 산업과 금융 산업에서 상위 몇 퍼센트가 거의 모든 수익을 가져가는 현상은, 국내 기업 환경과 중산층의 삶에도 영향을 미친다. 주택 가격 상승, 교육비 부담, 노동시장의 불안정성 등은 결국 이런 글로벌 불평등의 파급 효과로 연결된다고 이 책은 말한다.

개인적으로는 미래를 고민할 때 이러한 거대한 경제 구조의 맥락을 항상 염두에 두어야 한다는 생각이 들었다.

또한 피케티와 샌델이 제시하는 구체적인 해결 방안도 인상적이었다. 누진과세 강화, 공공재 투자 확대, 정치적 권력 집중 억제 등은 단순히 이상적인 정책이 아니라, 불평등을 완화하고 사회적 기회를 보다 균등하게 만드는 현실적 제안으로 다가왔다.

『기울어진 평등』은 단순히 경제학이나 정치·철학적 지식을 전달하는 책이 아니다. 세계적 불평등 현상을 개인의 경험과 연결해 이해하게 하고, 나 자신과 사회를 동시에 성찰하게 만드는 책이다.

거대한 구조 속에서 개인의 삶이 어떻게 영향을 받는지, 그리고 그 안에서 내가 선택하고 행동할 수 있는 영역이 어디인지 명확히 인식하게 되었다.

한 개인으로서 느낀 불안과 좌절이, 거대한 사회 구조를 이해하는 통찰과 연결될 때, 비로소 의미 있는 성장과 행동의 기회가 생길 수 있음을 이 책을 통해 깨닫게 되어 기쁘다.

『기울어진 평등』 - 토마 피케티, 마이클 샌델

삶에는 우연이 없다

삶을 살다 보면 이유를 알 수 없는 일들이 끊임없이 일어난다. 내가 노력한 일이 뜻밖의 방향으로 흘러가기도 하고, 전혀 기대하지 않았던 계기로 삶이 바뀌기도 한다.

『보이지 않는 질서』는 바로 이러한 경험들을, 단순한 우연이나 운에 맡기지 않고 이해할 수 있는 통찰을 제공하는 책이다. 저자는 우리가 흔히 인과관계라 믿는 표면적인 연결 너머에, 삶을 지탱하는 보이지 않는 법칙과 질서가 존재한다고 말한다.

책을 읽는 동안 자연스레 내 삶의 경험들이 생각났다. 어릴 적부터 계획하고 준비한 일이 뜻대로 되지 않았던 순간, 예상치 못한 만남이나 사건이 오히려 큰 전환점이 된 순간, 부모님과의 관계에서 겪은 오해와 화해의 과정 모두가 우연처럼 느껴졌지만, 달케의 시선을 통해 보면 각 사건에는 삶의 어떤 질서가 작동하고 있었음을 이해할 수 있다.

그는 이를 단순히 운명론적으로 설명하지 않는다. 대신, 대립의 법칙, 공명의 법칙, 시작의 법칙, 부분과 전체의 관계 등 삶을 움직이는 원리들을 제시하며, 우리가 사건과 결과를 바라보는 관점을 바꾸도록 돕는다.

인상 깊었던 부분은 공명의 법칙이다. 우리가 특정 상황에서 경험하는 문제나 갈등은, 단순히 외부 환경의 문제가 아니라 우리의 내적 상태와 밀접히 연결되어 있다고 말한다. 가족이나 친구, 혹은 나 자신과의 관계에서 겪었던 갈등에서 나는 어떤 사건을 외부의 문제로만 치부하고, 상대방이나 환경 탓을 하며 불만을 키워왔다.

그러나 공명의 법칙을 통해 보면, 그 사건은 내 마음 상태와 어떤 식으로든 '공명'하고, 나의 내면과 연결되어 있는 메시지일 수 있다는 깨달음이 찾아왔다.

또 다른 통찰은 시작의 법칙에서 얻었다. 저자는 새로운 행동이나 변화를 시작할 때, 우리가 처음 설정한 작은 선택이나 태도가 결과를 크게 좌우한다고 강조한다. 나는 변화가 필요하다고 느끼면서도, 미루거나 미세한 행동을 대수롭지 않게 여긴 적이 매우 많았다.

어릴 적에 선택한 취미가 나중에 삶의 중요한 의미를 주었거나, 우연한 여행이 인간관계의 폭을 넓힌 경험들이 떠올랐다.

학생 때부터 시작한 사진 촬영을 지금까지 계속 해오고 있는 것과 사진을 찍기 위해 해외로 여행을 갔었던 경험이 이 책의 주장을 한층 더 의미있게 느낄 수 있도록 만들어 주었다. 달케는 이를 통해 작은 시작이 삶의 큰 방향을 결정할 수 있다는 점을 반복해서 강조한다.

나는 특히 부분과 전체의 관계라는 개념에서 많은 생각을 했다. 삶의 사건들은 개별적으로 보면 혼돈처럼 보이지만, 전체적인 흐름 속에서는 의미 있는 패턴을 형성한다는 것이다. 나는 일상의 크고 작은 문제들에 몰두하며, 왜 이런 일이 반복되는지, 어떤 의미가 있는지 답답함을 느끼곤 했다.

그러나 달케의 설명에 따르면, 이러한 작은 사건들 하나하나가 결국 나를 성장시키고 삶의 방향을 만들어가는 큰 흐름의 일부로 연결된다. 이는 과거를 돌아볼 때 불필요한 후회나 억울함 대신, 삶의 사건들을 전체적 맥락에서 이해하려는 태도를 갖는 것이 인생에 더 큰 도움이 된다는 믿음으로 이어졌다.

우리는 흔히 결과를 보고 의미를 판단하려고 한다. 그러나 달케는 의미가 결과에만 있는 것이 아니라, 사건과 우리의 내적 반응이 맞물리면서 만들어진다는 점을 강조한다.

예상치 못한 사건이나 계획대로 되지 않은 경험이 단순한 실패가 아니라, 삶이 나에게 던지는 메시지가 될 수도 있는 것이다. 친구와의 오해, 건강 문제 등 일상 속에서 마주하는 어려움도 모두 내 삶의 질서와 연결된 현상으로 볼 수 있다는 생각이 깊어졌다.

책을 읽는 동안, 나는 삶의 사건들을 바라보는 시선이 바뀌는 경험을 했다. 이제는 사건이 내 뜻과 맞지 않는다고 해서 좌절하거나 단순히 운 탓으로 치부하지 않는다. 오히려 이 사건이 나에게 무엇을 말하고 있는지, 어떤 내적 성장을 촉진하는지를 알아보려고 한다.

그리고 작은 선택이나 행동이 삶의 흐름을 바꿀 수 있다는 사실에 책임감을 느끼게 된다. 이전에는 눈에 보이는 결과에만 집중했다면, 지금은 눈에 보이지 않는 질서와 연결된 흐름 속에서 의미를 찾으려 한다.

『보이지 않는 질서』 - 뤼디거 달케

나의 선택을 되찾는 일

현대 사회에서 '주의력'은 더 이상 단순한 개인의 능력이 아니다. 크리스 헤이즈의 『사이렌스 콜』을 접하면서, 내가 살아가는 방식과 일상을 구성하는 많은 요소들이 사실상 내 주의를 중심으로 설계되어 있다는 사실을 깨달았다.

책에서는 인간의 주의력이 한정된 자원이라는 점을 강조하며, 오늘날 기술 기업들이 이 제한된 자원을 어떻게 상품화하고 시장화하는지를 조목조목 분석한다.

스마트폰, 소셜미디어, 온라인 콘텐츠들은 단순한 도구가 아니라, 우리의 시선을 끌고, 우리의 관심을 지속적으로 점유하며, 때로는 우리가 원치 않는 방식으로 삶의 방향과 생각을 재편한다는 것이다.

나는 이 지점을 읽으며, 나 역시 무심결에 이러한 장치들에 내 주의를 내주고 있었다는 사실을 인정하지 않을 수 없었다.

일상을 돌아보면, 아침에 눈을 뜨자마자 스마트폰을 확인하고, 잠들기 직전에도 알림과 뉴스를 반복해서 들여다보는 내가 있다. 이 시간을 '정보를 얻고 연결 상태를 유지하는 행위'라고 합리화해왔다.

그러나 헤이즈는 이러한 행동이 단순한 정보 수집을 넘어, 주의력 자본주의(attention capitalism)의 구조 안에서 소비되고 있다는 점을 강조한다.

플랫폼은 내 시선을 붙잡기 위해 설계된 알고리즘을 활용하고, 광고와 추천 시스템은 나의 선택을 유도하며, 그저 이 흐름 속에서 움직이는 소비자일 뿐이었다.

스스로는 자유롭게 선택한다고 생각했지만, 사실은 수많은 장치와 설계된 유혹에 의해 내 주의가 좌우되고 있었다.

책에서 가장 크게 다가온 부분은, 이러한 주의력 경쟁이 개인의 삶과 정신적 여유뿐 아니라 사회 전반에도 영향을 미친다는 점이다. 온라인 뉴스와 소셜미디어의 추천 알고리즘은 내가 접하는 정보의 범위를 제한하고, 비슷한 의견과 자극적인 내용으로 나의 관심을 점점 몰아간다.

이는 단순한 '집중력 저하'의 문제가 아니라, 현대인이 선택하는 정보와 경험의 편향을 구조적으로 만들어낸다는 사실을 보여준다.

책이 주는 가르침을 배우면서 나의 태도를 반성했다. 주의력이 한정된 자원이라는 점을 이해하면서도, 나는 그것을 소홀히 사용하고 있었다. 단순히 정보의 소비자가 아니라, 플랫폼과 알고리즘의 정교한 설계 안에서 움직이는 객체였음을 깨달았다.

그리고 그동안의 나의 삶에서 이런 무의식적 패턴이 쌓여, 작은 결정이나 행동의 자유까지 제한하고 있었다는 사실을 인정했다. 내 선택이 나의 주의에 의해 결정되는 순간들이 많았고, 그 구조를 충분히 의식하지 못했다.

저자는 단순한 경고에 그치지 않는다. 우리가 주의력 자본주의의 영향력에서 벗어나, 오히려 이 장치들을 자신에게 유리하게 활용할 수 있는 방법을 고민할 수 있다고 말한다. 이를 통해 나는 삶과 일상에서 몇 가지 구체적 실천을 떠올려 보았다.

첫째, 스마트폰과 소셜미디어 사용 시간과 목적을 의식적으로 제한하는 것이다. 무심코 알림을 확인하기보다, 내가 얻고자 하는 정보와 경험을 명확히 하고, 그에 맞는 채널과 시간대를 정하는 것이다.

둘째, 정보를 단순히 소비하는 것이 아니라, 선택적 학습과 분석을 위해 활용하는 것이다. 뉴스, 글, 영상 등을 단순히 소모하지 않고, 나의 판단과 성찰, 일상적 문제 해결에 연결시키는 방식으로 주의력을 전환하는 전략이다.

셋째, 디지털 장치에 빼앗긴 주의를 회복하기 위해 일상에서 몰입과 집중의 경험을 의식적으로 만들어야 한다. 독서, 운동, 가족과의 대화, 취미 활동과 같은 시간은 스마트폰에서 빼앗긴 주의력을 회복시키는 동시에 내적 자유와 만족을 높이는 중요한 자원이 될 것이다.

저자는 사회 구조와 기업 전략이 개인의 주의력에 끼치는 영향까지 다루면서, 자유로운 선택과 개인적 책임이 얼마나 복잡하게 얽혀 있는지도 보여준다.

이 점에서 나 자신과 나의 주변 환경을 동시에 돌아보게 되었다. 단순히 '내가 약해서 주의가 산만해졌다'고만 생각할 수 없다는 것이다.

플랫폼과 장치가 구조적으로 내 주의력에 영향을 미치고 있고, 그 안에서 의식적 선택을 하지 않으면 쉽게 휘말린다는 사실을 받아들여야 한다. 동시에, 이 구조를 이해하고 전략적으로 대응하면, 오히려 주의력을 보호하고 증대시키며, 나 자신에게 유리하게 전환할 수 있다는 가능성도 열린다.

이 책을 통해 스마트폰과 온라인 플랫폼과의 관계를 단순한 도구 사용의 문제로 보지 않고, 내 삶과 경험, 인간관계와 사고방식을 재편할 수 있는 자원 관리와 전략의 문제로 바라보게 되었다.

이제는 주의력을 무심히 소비하지 않고, 의도적으로 관리하고 활용함으로써 삶의 질과 선택의 폭을 확장하는 방식으로 접근하고 싶다.

주의력은 내가 통제할 수 있는 영역 안에서 신중히 사용해야 하는 자원이며, 그 사용 방식이 삶과 인간관계, 내적 성찰에 깊은 영향을 준다는 사실을 깊이 이해하게 된 것이다.

나의 선택과 주의가 만들어내는 경험 속에서, 조금 더 의식적이고, 조금 더 주체적인 삶을 살아갈 수 있을 것이라는 기대를 품는다.

『사이렌스 콜』 - 크리스 헤이즈

인간을 이해하기 위한 전략

『군주론』을 읽으면서 가장 먼저 눈에 들어온 것은 마키아벨리의 인간 본성에 대한 냉정한 관찰이었다. 그는 "인간은 변덕스럽고 자기 이익을 추구하며, 두려움과 사랑에 의해 움직인다"라고 단언한다.

평소 인간관계에서 느끼는 답답함과 불확실성의 이유를 다시금 깨닫게 되었다. 사람들은 언제나 예상에 맞게 행동하는 존재가 아니며, 나의 호의나 기대가 반드시 동일하게 돌아오리라는 보장도 없다. 이러한 현실을 받아들이는 것이 곧 성숙한 사고와 행동의 출발점이라는 점이 마음에 깊이 와 닿았다.

마키아벨리는 또한 권력과 지도자의 역할을 논하면서 단순히 이상적 덕목만으로는 군주가 통치할 수 없음을 강조한다.

"군주는 사랑받기보다 두려움을 택할 수 있지만, 두려움이 증오로 변하지 않도록 해야 한다"라는 문장은 단순히 권력 유지의 기술을 넘어, 인간관계 전반에서 적용할 수 있는 통찰을 준다.

사람들은 호의와 친절만으로 움직이지 않으며, 신뢰와 존중, 경계가 적절히 조합될 때 비로소 안정적인 관계가 유지된다.

이 구절을 통해, 내 인간관계 속에서도 상대가 어떻게 반응할지를 냉정히 관찰하고, 감정적 호의와 객관적 판단을 함께 고려하는 태도의 필요성을 느꼈다.

모두가 만족하는 결정은 존재하지 않으며, 현실은 언제나 불완전하다. 이 문장은 나에게, 결과가 완벽하지 않더라도, 상황을 정확히 인식하고 최선의 선택을 내리는 것이 더 중요하다는 사실을 상기시켜 주었다.

또한, 군주가 권력을 유지하기 위해 인간의 본성을 이해해야 한다는 점은 나에게 인간관계에 대한 새로운 시각을 열어주었다.

단순히 선의와 호의만으로 관계를 유지하려는 태도는 현실과 동떨어져 있으며, 상대의 동기와 이해관계를 파악하고 적절히 대응하는 것이 필요하다는 점을 느꼈다.

마키아벨리의 통찰은, 단순히 권력을 얻기 위한 기술이 아니라, 나와 같은 평범한 사람도 자신의 삶에서 전략적 사고를 통해 현실을 이해하고, 관계와 선택을 보다 효과적으로 관리할 수 있는 지혜임을 보여준다.

인간 본성에 대한 냉정한 이해, 현실 인식, 전략적 판단의 세 가지 원칙은 내 일상 속에서 꾸준히 연습하고 적용해야 할 가치 있는 교훈으로 남았다.

『군주론』 - 니콜로 마키아벨리

보이지 않는 심리 법칙

『인간 본성의 법칙』을 접하면서 가장 먼저 느낀 것은, 인간 행동의 근본에는 내가 인정하기 싫어했던 면들이 숨겨져 있다는 사실이었다.

인간이 표면적으로는 이성적이고 도덕적이라고 믿고 행동하지만, 실제로는 욕망, 두려움, 권력 추구, 자기 보호 본능과 같은 본능적 동기에 의해 움직인다고 말한다.

단순히 인간의 어두운 면을 나열하는 것이 아니라, 그 반복되는 패턴과 심리적 법칙을 이해함으로써 자신과 타인을 더 정확히 인식할 수 있는 도구를 제공한다.

"자신의 본능과 욕망을 인정하지 못하면, 타인을 이해하는 데서 항상 오류를 범하게 된다"라고 말한다. 나는 그동안 나의 행동이나 감정을 '합리적 판단'이라는 이름 아래 합리화하려는 경향이 있었다.

그러나 그린은 인간 본성의 법칙을 이해하기 위해서는 먼저 자신의 동기와 패턴을 정직하게 바라보는 것이 필요하다고 지적한다.

저자는 인간이 반복적으로 보이는 심리적 패턴을 27가지 법칙으로 정리하였고, 그중 상당수는 일상 속에서도 쉽게 발견할 수 있는 것들이다. 예를 들어, 사람들은 타인의 의견에 쉽게 휘둘리지만 동시에 스스로는 자신이 독립적이라고 생각한다.

이는 내게서도 쉽게 찾을 수 있는 모습이다. 사회적 기대나 주변 사람의 시선에 영향을 받아 선택을 내리면서, 동시에 그것이 내 자유로운 의사라고 믿었다. 그린이 지적하듯, 이런 심리적 패턴을 인식하지 못하면 우리는 반복적으로 같은 실수를 경험하게 된다.

자신을 이해하는 과정이 타인을 이해하는 토대가 된다는 점이다. 인간 본성의 반복되는 법칙이 결국 사람마다 공통된 동기와 욕망에서 출발한다고 본다.

내가 내 안의 두려움, 경쟁심, 질투심을 직시하고 이해하면, 타인이 보여주는 유사한 감정과 행동 또한 더 명확하게 읽을 수 있을 것이라고 생각했다.

누군가의 공격적 태도나 과도한 자기방어는 단순히 상대방의 성격 문제로만 치부할 수 없다. 그것은 그 사람 안의 불안과 권력 추구라는 자연스러운 인간 본성에서 비롯된 행동일 수도 있다.

이러한 인식은 인간관계를 평가할 때, 감정적으로 반응하기보다 행동의 원인을 이해하고 대응을 조정하는 사고를 가능하게 한다.

그린은 또한 인간 본성이 항상 선하거나 악으로 구분되지 않음을 강조한다. 인간은 본능적 동기에 의해 움직이지만, 그 동기를 인식하고 관리할 수 있는 능력 또한 지녔다. 인간 본성의 법칙을 안다고 해서 반드시 모든 행동을 정당화하거나 용인해야 하는 것은 아니다.

다만, 그 법칙을 이해함으로써 스스로를 객관적으로 보고, 타인을 평가할 때도 감정적 편견에서 자유로워질 수 있다는 점이 중요하다.

이 책은 인간 본성의 복잡성을 회피하거나 단순화하지 않는다. 그러나 그 복잡성을 직면하고 분석함으로써, 우리는 스스로를 이해하고, 나아가 타인을 더 깊이 이해하며, 인간 행동의 다양한 패턴에 전략적으로 대응할 수 있는 통찰을 얻게 된다고 본다.

『인간 본성의 법칙』 - 로버트 그린

잠재력의 확장

책을 읽으며 배움을 쌓아가는 중에 질문 하나가 머릿속에 떠올랐다. '나는 정말 무엇을 원하는가?' 그동안의 삶을 돌아보면, 바쁘게 움직이는 동안 나는 스스로 원하는 것이 무엇인지 깊이 고민한 적이 거의 없었다.

그저 사회적 기대, 가족의 요구, 주변 사람들의 시선에 맞추어 선택하고 행동해왔다. 토니 로빈스는 진정한 성공과 만족은 외부 환경에서 오는 것이 아니라, 자신이 원하는 것을 명확히 알고, 이를 향해 의식적으로 행동할 때 시작된다고 말한다.

로빈스는 사람들이 흔히 겪는 문제를 지적한다. 사람들은 자신이 진정으로 원하는 것을 명확히 정의하지 못한 채, 막연한 목표를 좇거나 남이 만들어 준 목표를 따르며 살아간다는 것이다.

그는 "진정으로 원하는 것이 무엇인지 스스로 질문하고 답을 찾아라"라고 강조하며, 이를 위해 구체적인 사고 도구와 내면 탐구의 방법을 제시한다. 나에게 진정 중요한 것이 무엇인지, 나를 움직이게 하는 동기가 무엇인지 생각할수록, 이전까지의 삶이 얼마나 외부 요인에 의해 좌우되어왔는지를 깨닫게 되었다.

그 과정에서 로빈스가 강조하는 또 다른 핵심은 마음과 몸의 조절이었다. 그는 감정이 인간 행동의 가장 큰 동력임을 설득력 있게 보여준다.

분노, 불안, 두려움, 심지어 무기력과 회피 같은 감정은 종종 우리의 결정을 흐리게 한다. 하지만 감정이 단순히 자연스러운 현상이 아니라, 조절하고 전환할 수 있는 자원이라는 점이 중요하다.

신체 자세, 호흡, 긴장 완화와 같은 간단한 신체적 행동을 통해 우리는 감정 상태를 관리하고, 자신감을 높이며, 집중력을 극대화할 수 있다.

평소 무의식적으로 구부정한 자세로 앉아 있고, 깊은 호흡보다는 짧고 얕은 호흡을 반복하며 불안과 긴장을 키운다는 사실을 깨달았다.

책에서 소개된 대로 의식적으로 자세를 펴고, 깊게 호흡하며, 긴장을 풀 때, 단순한 행동 변화만으로도 마음이 조금씩 안정되고, 내면의 결정을 맑게 할 수 있다는 것을 체감했다.

특히 이 책을 통해 행동과 의식적 선택의 힘을 실감했다. 원하는 것을 찾는 것은 단순히 머릿속에서 상상하는 것이 아니라, 행동과 습관, 신체적 태도와 감정 관리가 함께 결합될 때 비로소 현실화된다.

원하는 것을 막연히 생각만 하고, 정작 행동과 계획을 체계적으로 세우지 않았다는 점을 솔직히 인정할 수밖에 없었다.

로빈스는 목표를 구체화하고 행동 계획을 세워 실행할 것을 강조한다. 단순히 '건강해지고 싶다'가 아니라, "매일 아침 30분 걷기, 주 3회 근력 운동, 수면 7시간 확보"처럼 세분화된 행동 목표를 만들고, 이를 매일 점검하는 방식이다.

이 과정에서 나는 목표와 행동 사이의 간극을 좁히고, 내 삶을 능동적으로 설계할 수 있다는 자신감을 느꼈다.

먼저 내 감정을 관찰하고, 신체적 긴장과 자세를 조절하며 하루를 시작했다. 그리고 하루 목표를 구체적으로 세워 작은 행동부터 실행해 나갔다.

신기하게도, 하루하루가 이전보다 명확해지고, 의식적 선택을 하는 순간들이 늘어나면서 내 내면에 확신과 안정이 생겼다.

원하는 것을 정의하고, 감정을 관리하며, 행동을 설계하는 과정은 단순한 자기계발 기법이 아니라, 삶을 주체적으로 살아가는 실질적 도구임을 깨달았다.

인간은 자신의 신체, 감정, 사고, 행동을 통제하고 설계할 때 무한한 능력을 발휘할 수 있다는 점이다.

나는 앞으로도 내 삶에서 이 원칙을 중심에 두고, 원하는 것을 구체적으로 정의하고, 감정을 조절하며, 구체적인 행동 계획을 수립함으로써 내 내적 힘을 키우려 노력할 것이다.

『무한능력』 - 토니 로빈스

이성으로 도덕을 판단하다

그동안 도덕이라는 것이 대부분 감정의 영역에 속한다고 생각해왔다. 누군가가 힘들어하면 자연스럽게 안타까워하고 도움을 주는 것이 도덕적 행동의 출발점이라고 믿었고, 공감을 느끼지 못하면 도덕적 판단 자체가 어려운 것이라고 여겼다. 그러나 『공감의 배신』을 읽으면서 그 생각은 크게 바뀌었다.

공감, 즉 타인의 감정을 느끼고 이해하는 능력이 반드시 옳은 결정을 보장하지는 않는다고 말한다. 오히려 도덕적 판단에는 이성과 원칙이 필수적이라고 주장한다.

처음에는 놀라웠다. 내가 자연스럽게 느끼던 도덕적 직관과 공감이 때로는 편향적이고 한쪽으로 치우칠 수 있다는 사실이 낯설게 느껴졌다.

블룸은 공감이 인간의 감정을 강하게 자극하고 순간적인 행동을 이끌 수 있지만, 이러한 감정이 항상 합리적이거나 공정한 판단으로 이어지지 않는다는 점을 여러 사례와 연구를 통해 보여준다.

한 개인의 고통에 강하게 공감하는 순간, 다른 많은 사람들의 고통은 간과되거나 과소평가될 수 있다.

주변 사람이 도움을 요청할 때 단순히 "불쌍하다"는 감정에만 의지하지 않고, 그 요청을 받아들이는 것이 나와 주변 모두에게 어떤 영향을 줄지를 한 번 더 생각해보는 것이다.

이렇게 생각을 한 뒤, 필요하면 도움을 제공하고, 불필요하게 나를 희생하지 않는 선택을 한다. 처음에는 계산적이라는 느낌이 들어 조금 어색했지만, 시간이 지나면서 감정과 이성이 함께 작동하는 균형 있는 판단이 가능하다는 것을 느꼈다.

블룸이 강조하는 또 다른 중요한 지점은, 공감이 편향적일 수 있다는 점이다. 사람들은 가까운 사람이나 눈에 보이는 고통에는 강하게 공감하지만, 멀리 있는 사람이나 구조적 문제에는 무관심해지기 쉽다. 나는 종종 뉴스나 사회적 문제를 접하면서 이런 경험을 했다.

눈에 보이지 않는 사람들의 고통에는 쉽게 마음이 가지 않고, 정작 도움의 필요성이 큰 문제를 외면하게 되는 것이다. 이를 보면서, 단순한 감정적 공감만으로는 세상의 복잡한 문제를 해결하기 어렵다는 사실을 절실히 느꼈다.

공감이 감정을 자극하는 것에 그치지 않고, 실제 행동과 판단으로 이어지려면 합리적 분석과 원칙이 필요하다.

이 책은 공감의 한계를 인식하면서도 그것을 완전히 배척하지 않는다. 공감은 인간 관계를 형성하고 유지하는 데 필수적이며, 동기를 부여하는 힘이 된다.

문제는 공감만으로 모든 도덕적 결정이 이루어진다고 생각하는 데 있다. 감정에만 의존하면 편향과 충동적 선택에 휘둘리기 쉽고, 전체적인 공정성과 장기적 결과를 고려하기 어렵다.

따라서 공감과 이성의 균형, 순간적 감정과 구조적 사고의 조화가 중요하다. 나는 이제 이러한 균형을 염두에 두고 주변 사람들과의 관계를 살피고, 나 자신에게 적용하려고 한다.

『공감의 배신』 - 폴 블룸

에필로그

독후감을 쓴다는 것은 생각에 형태를 부여하는 일이다. 막연했던 감상이 문장이 되고, 흩어졌던 생각이 단락이 되며, 그렇게 정리되는 과정에서 나는 내가 무엇을 느꼈는지 비로소 알게 된다. 쓰기 전까지는 몰랐던 내 생각을 발견하는 순간이 있다.

책은 답을 주기도 하지만, 더 많은 질문을 남긴다. 그리고 그 질문들은 내 안에 머물며 천천히 익어간다. 질문을 품고 사는 것, 그것 자체가 생각하며 사는 삶이다.

같은 문장을 읽어도 어제의 나와 오늘의 나는 다르게 이해한다. 읽는 순간의 내 상태, 내 고민, 내 처지가 독서에 영향을 준다.

내가 어떤 책에 끌리는지, 어떤 문장에 시선이 머무는지, 어떤 주장에 고개를 끄덕이는지가 곧 나를 드러낸다는 것. 독후감은 결국 나에 대한 글이었다.

이 책을 마무리하지만, 독서는 끝나지 않는다. 생각도 끝나지 않는다. 책장을 덮는 순간에도 생각은 계속되고, 일상 속에서 문득 떠오르는 구절이 있으며, 새로운 책을 펼치면 또 다른 세계가 열린다.

생각의 틀을 넓히며

초판 1쇄 발행 2026년 2월 25일

지은이 박기홍
펴낸이 권지현
펴낸곳 이음과펼침
책임편집 이음과펼침 편집부

출판등록 2025년 7월 21일 제2025-000129호
주소 서울시 서초구 양재동 392-3, 202B
이메일 connectnbloom@gmail.com
원고투고 connectnbloom@gmail.com
홈페이지 www.connectnbloom.com

ISBN 979-11-24329-09-2(03810)

· 가격은 뒤표지에 있습니다.

· 파본은 구입하신 서점에서 교환해 드립니다.